BENIMM DICH!

Caroline Tiger

BENIMM DICH!

Ein moderner Ratgeber für angesagte Manieren

Mit Illustrationen von Jana Moskito

SCHWARZKOPF & SCHWARZKOPF

INHALT

VORWORT

Im Kampf gegen die Unhöflichkeit

Sind Sie jemals in der Verlegenheit gewesen, dass Sie bei einem offiziellen Dinner nicht wussten, welche Gabel Sie benutzen sollen? Wenn ja, tut es uns leid für Sie, aber für solche oberflächlichen Probleme hat *Benimm dich!* keine Tipps parat – dieser Ratgeber würde höchstens fragen, wie Sie dazu kommen, an so einem spießigen Abendessen teilzunehmen. Manieren beim Teetrinken und exklusive Gabel-Fragen mögen im viktorianischen Zeitalter von Belang gewesen sein. Die Männer und Frauen von heute dagegen sind schon froh, wenn sie die Zeit finden, sich mit einem Freund oder einer Freundin auf einen Drink zu treffen. Und da ist es gut möglich, dass Sie sich auf dem Weg zu Ihrer Verabredung mit einer Menge rücksichtsloser Menschen auseinandersetzen müssen – auf Facebook, in der U-Bahn, im Taxi, auf dem Gehweg und vielleicht sogar in der Bar.

Im 21. Jahrhundert hat »Etikette« nichts mehr damit zu tun, beim Teetrinken den kleinen Finger abzuspreizen. Heute dreht sie sich eher um die Frage, was sich gehört, und darum, seinen Mitmenschen im Alltag freundlich gegenüberzutreten. Das bedeutet: den zusammengerollten Regenschirm nicht so mit sich herumzutragen, dass man andere Passanten damit ersticht; im Fitnessstudio bei Hochbetrieb nicht 55 Minuten lang das Laufband in Beschlag zu nehmen und anschließend zu vergessen, seinen Schweiß abzuwischen; sich nicht an der Schnellkasse für Kunden mit weniger als zehn Artikeln anzustellen, wenn man mehr eingekauft hat; keine Fotos von Freunden mit »bad hair days« auf Facebook zu posten; im Zug nicht laut und ungehemmt zu telefonieren. Das klingt pedantisch? Kann sein. Doch in der modernen Gesellschaft gelten ohnehin nur sehr wenige Regeln und Menschen brauchen ein paar Richtlinien, die sie davon abhalten, schamlos unhöflich zu sein.

Wir können uns glücklich schätzen, dass wir keine absurden Besteck-Vorschriften mehr beachten müssen – der heutige Lebensstil ist viel freier –, aber das heißt noch lange nicht, dass es in Ordnung ist, sich rüde zu verhalten. In *Benimm dich!* werden wir Ihnen Vorschläge machen, wie Sie auf eine Litanei von unmöglichen Verhaltensweisen reagieren können. Die Reihe der Übeltäter ist endlos – vom gefürchteten Sitzrüttler über den Armlehnen-Belagerer und den Schweißverteiler bis hin zu Ihnen selbst. Denn nicht zuletzt zeigt Ihnen dieses Buch Möglichkeiten auf, Ihr eigenes schlechtes Benehmen zu erkennen, bevor Sie selbst der Armee der Trampel beitreten.

Auf den folgenden Seiten erhalten Sie eine Auswahl an Schritt-für-Schritt-Anleitungen, wie Sie viele moderne Praktiken schlechten Benehmens korrigieren können. Die Strategien reichen von höflich über provokativ bis hin zu passiv-agressiv (und manchmal auch einfach nur verrückt). Falls Sie eine aggressivere Strategie wählen, betrachten Sie sich selbst am besten als Krieger im Kampf gegen die Unhöflichkeit.

Warum können wir nicht alle einfach friedlich miteinander leben? Weil die Menschen leider nicht immer nett zueinander sind – und wären sie es, wäre dieses Buch überflüssig.

1. KAPITEL

FLUGZEUGE, ZÜGE UND AUTOS

Es gibt eine Art Kontrollverlust, die die modernen Transportmittel unweigerlich mit sich bringen. Haben Sie auch nur die geringste Ahnung, weshalb Ihr Zug eigentlich Verspätung hat oder warum Sie seit Stunden auf der Startbahn festsitzen? Über Ihr Auto haben Sie zwar so viel Kontrolle, dass Sie auf die Hupe drücken und dadurch Ihre Ungeduld zum Ausdruck bringen können. Gegen einen Stau ist damit allerdings auch nichts auszurichten. Wenn Menschen keine Kontrolle über eine Situation haben, tendieren Sie dazu, sich auch unkontrolliert zu verhalten. Aber Sie können diesen Kreislauf durchbrechen, indem Sie ein paar Grundregeln beachten.

IM FLUGZEUG

Die ständige Überbuchung von Flügen; diese Grütze, die sie Essen zu nennen wagen; die ruppigen Flugbegleiter; die horrenden Gepäckgebühren; die langen Wartezeiten, während man durch unendliche Sicherheitskontrollen geschleust wird, in denen man sich die Schuhe ausziehen und anschließend mit ansehen muss, wie sie durchleuchtet werden – Flugreisen sind strapaziös. Und nichts macht das Fliegen unerträglicher als Passagiere, die die Grundregeln zivilisierten Verhaltens im Flugzeug missachten.

ARMLEHNEN-SCHICKLICHKEIT

In Sachen Armlehne gilt grundsätzlich: eine pro Passagier, egal ob Gang-, Mittel- oder Fensterplatz. Die überzählige Armlehne in der Mitte ist verhandelbar, aber der Passagier auf dem Mittelplatz sollte ein Vorrecht darauf haben – schließlich sitzt der Arme eingezwängt zwischen zwei anderen Menschen.

Wie gehen Sie vor, wenn Sie einen kuscheligen Platz zwischen zwei Fremden erwischt haben und sowohl der Mann links von Ihnen als auch die Frau rechts von Ihnen jeweils zwei Armlehnen benutzen? Sind sie besonders groß? Nein. Sind sie Ihnen gegenüber einfach unaufmerksam? Das ist sehr wahrscheinlich. In dem Fall liegt es an Ihnen, Ihre Sitznachbarn auf deren Fehlverhalten hinzuweisen.

1. Überlegen Sie sich als Erstes, wen Sie ansprechen wollen: Ihren Nachbarn auf dem Gangplatz, der von vorbeigehenden Mitreisenden angerempelt wird? Oder den auf dem Fensterplatz, der genauso wenig Beinfreiheit hat wie Sie? Eine schwierige Entscheidung – am besten wenden Sie sich an die Person, die Ihnen am sympathischsten und zugänglichsten erscheint.
2. Nachdem Sie sich entschieden haben, stoßen Sie einen tiefen Seufzer aus, um die Aufmerksamkeit Ihres Sitznachbarn auf sich zu lenken.
3. Wenn er in Ihre Richtung schaut, verwickeln Sie ihn in Smalltalk. Hier sind einige Einstiegsvorschläge:

Wo kommen Sie her?, Reisen Sie dienstlich oder zum Vergnügen?, Wissen Sie, ob wir auf diesem Flug eine Mahlzeit serviert bekommen?

4. Versuchen Sie, sich mit ihm zu verbünden, indem Sie die unmenschlichen Bedingungen der Economy Class beklagen – den traurigen Fraß eingeschlossen.
5. Sobald er anfängt, Empathie zu bekunden (durch Kopfnicken oder mitfühlendes Armtätscheln), sagen Sie freundlich: »Sie haben es wahrscheinlich selbst gar nicht bemerkt, aber Sie benutzen zwei Armlehnen. Dürfte ich mich vielleicht auf dieser hier abstützen?«
6. Unterstreichen Sie Ihre Bitte mit einem rührseligen Blick. Sie können Ihrem Nachbarn auch kurz demonstrieren, wie schwierig es ist, ein Buch auf Ihrem Schoß aufzuschlagen, ohne eine Armlehne zu benutzen.
7. Nachdem er Ihnen die Armlehne überlassen hat, bedanken Sie sich bei ihm für seine Freundlichkeit und gehen Sie während des restlichen Fluges auch auf seine Wünsche ein – sofern sie nicht völlig abwegig sind.

Wenn die direkte Ansprache nicht funktioniert

Falls sich Ihr Sitznachbar nach Schritt fünf weigert, Ihnen die Armlehne zu überlassen, können Sie getrost aggressiver vorgehen. Manövrieren Sie seinen Arm einfach von der Lehne herunter, indem Sie ein kurzes Ellbogen-Gefecht austragen.

1. Stützen Sie Ihren Ellbogen fest auf der Armlehne auf, auch wenn er dann nur zur Hälfte darauf Platz hat.
2. Dadurch werden Sie höchstwahrscheinlich mit dem Ellbogen oder dem Unterarm Ihres Sitznachbarn in Berührung kommen. Doch scheuen Sie sich nicht vor Körperkontakt.
3. Lassen Sie sich nicht unterkriegen. Erwidern Sie den Druck des nachbarlichen Ellbogens, indem Sie Ihren Unterarm zwischen Ihrem Brustkorb und dem Arm Ihres Nachbarn einkeilen. Betrachten Sie die Übung als Armdrücken – nur eben mit den Ellbogen.
4. Befördern Sie den Ellbogen Ihres Nachbarn mit einem gezielten Stoß von der Armlehne.

ETIKETTE-TIPP: *Improvisieren Sie. Dabei können Sie ruhig von den Requisiten um sich herum Gebrauch machen. Halten Sie beispielsweise Ihre Bloody Mary so, dass der Armlehnen-Belagerer riskiert, ein Bad darin zu nehmen, sollte er den Druck Ihres Ellbogens erwidern. (Selbst ein Trampel kommt ziemlich schnell darauf, wie unangenehm es werden könnte, in nassen Klamotten im Flugzeug zu sitzen.)*

DAS BEHERRSCHEN DER SCHMALEN GÄNGE

Flugbegleiter lernen als Teil ihres vier- bis sechswöchigen Trainingsprogramms, sich geschickt und effizient durch schmale, enge Gänge zu manövrieren. Passagiere sollten sich an diesen Flugprofis ein Beispiel nehmen und

1. beim Spaziergang durch die Kabine so wenige Menschen wie möglich anrempeln;
2. möglichst nicht mit ihren Taschen an Passagieren auf Gangplätzen oder an freilaufenden Ellbogen hängen bleiben;
3. davon absehen, sich an den Lehnen Fremder festzuhalten, es sei denn, Turbulenzen zwingen sie dazu.

Wie Sie den penetranten Sitzrüttler entwaffnen

Es gibt natürlich immer Passagiere, die darauf bestehen, die maximale Zahl an Gepäckstücken mit an Bord zu nehmen. Und da eine Person unmöglich Handtasche, Rucksack und die Plastiktüte voller Snacks und Spielzeug für das schreiende Baby allein koordinieren kann, wird der Rucksack unweigerlich gegen Ihren Kopf geschleudert werden und so lange vor Ihrer Nase hin und her tanzen, bis sein Besitzer alles im Gepäckfach verstaut hat. Dann gibt es noch jene Reisende, die selbst bei den kleinsten Turbulenzen ihr Gleichgewicht zu halten versuchen, indem sie sich auf dem Weg zur Toilette an den

*Es gibt natürlich immer Passagiere,
die darauf bestehen, die maximale Zahl an
Gepäckstücken mit an Bord zu nehmen.*

Kopfstützen entlanghangeln – ohne Rücksicht auf die ruhenden Köpfe, die dabei durchgeschüttelt werden. Diese Sitzrüttler sind das Grauen jedes Passagiers auf einem Gangplatz. Doch dagegen gibt es ein Rezept.

1. Wenn das nächste Mal an Ihrem Sitz gerüttelt wird, springen Sie unvermittelt auf.
2. Lenken Sie höflich die Aufmerksamkeit des Sitzrüttlers auf sich (achten Sie darauf, Ihren Angreifer nicht zu berühren und keine anderen Reisenden zu stören) und machen Sie ihn freundlich, aber bestimmt auf seinen Fehler aufmerksam: »Entschuldigen Sie – Sie haben es selbst wahrscheinlich gar nicht bemerkt, aber Sie rütteln jedes Mal, wenn Sie den Gang entlanglaufen, an meiner Kopfstütze.«
3. Falls der Angesprochene Sie verständnislos ansieht, verdeutlichen Sie ihm, welche Wirkung sein Verhalten hat: »Wenn Sie an meiner Kopfstütze rütteln, wird mein Kopf hin und her geworfen [demonstrieren Sie dies, indem Sie eine Wackelkopf-Figur nachahmen], was extrem unangenehm ist.«

Im Idealfall wird sich der Sitzrüttler einfach entschuldigen und weitergehen, ohne an einem weiteren Sitz zu rütteln. Wenn er aber nicht davon abzubringen ist, müssen Sie vielleicht die folgende, extremere Taktik wählen. (Hinweis: Diese funktioniert nur, wenn der Sitzrüttler selbst einen Gangplatz hat.)

1. Spüren Sie den Platz des Sitzrüttlers auf, indem Sie ihn beobachten, wenn er von der Toilette zurückkommt. (In größeren Flugzeugen mit mehreren Kabinen und Gängen werden Sie vielleicht von Ihrem Sitzplatz aufstehen und Ihrem Angreifer heimlich folgen müssen.)
2. Stehen Sie auf und schlendern Sie auf seine Sitzreihe zu. (Es hilft, wenn dazu in Ihrem Kopf die Titelmusik von *Zwei glorreiche Halunken* spielt.) Verschränken Sie lässig die Arme vor der Brust.
3. Wenn Sie an seinem Sitz vorbeikommen, lassen Sie Ihren Ellbogen in einem 45-Grad-Winkel zur Seite schnellen und versetzen Sie der Kopfstütze einen kräftigen Stoß.
4. Tun Sie so, als sei nichts geschehen. Sie können vor sich hin summen oder leise singen und Ihren Blick ungeniert durch die Kabine schweifen lassen.
5. Bevor Sie zu Ihrem Platz zurückkehren, stoßen Sie beim Umdrehen noch einmal gegen seinen Sitz.

RUHE IN DER LUFT

Wenn Menschen sich in der Kabine eines Flugzeugs befinden, müssen sie nicht nur den persönlichen Raum der Passagiere um sie herum respektieren, sondern auch auf die eigene Lautstärke achten. Was für den einen Musik ist, ist für den anderen Lärm, und auf so engem Raum Geräuschen ausgesetzt zu sein, die man nicht hören will, kann einen zur Weißglut bringen.

Flugreiseexperten zufolge sollen tragbare Tonträger auf mittlere Lautstärke eingestellt werden. Dadurch soll verhindert werden, dass Ihre Musik über die unmittelbare Umgebung Ihres Platzes hinaus hörbar ist.

Doch was, wenn sich ein Mitreisender nicht an diese Richtlinie hält? Wenn Sie den Bass aus seinem Laptop dröhnen hören, obwohl er zwei Plätze von Ihnen entfernt sitzt?

Oder schlimmer noch: wenn er sich das neuste Album eines Künstlers besorgt hat, den Sie auf den Tod nicht ausstehen können, und Sie nicht eine einzige Seite in Ihrem Buch lesen können, ohne abgelenkt zu werden. Wie macht man diese Person auf ihre Grenzüberschreitung aufmerksam, ohne eine hässliche Szene zu provozieren?

1. Tippen Sie dem Mann auf die Schulter und bitten Sie ihn, seine Musik leiser zu stellen, da Sie zwei Plätze weiter hinten noch deutlich zu hören ist.
2. In den meisten Fällen werden Sie mit Ihrer Bitte Erfolg haben. Kann sie jedoch nichts ausrichten, müssen Sie schwerere Geschütze auffahren: Verständigen Sie die Flugbegleiterin.
3. Sobald sie eintrifft, erklären Sie ihr höflich, dass Sie die Musik jenes Mitreisenden hören können, obwohl er Kopfhörer benutzt. Die Flugbegleiterin ist darin ausgebildet, auf Beschwerden von Passagieren einzugehen und Konflikte zu lösen. Überlassen Sie die Sache ihr, sie weiß, was sie tut.

Wenn auch das nicht hilft, werden Sie auf eine drastischere Methode zurückgreifen müssen, bei der Sie laut mitsingen und zur Musik tanzen.

1. Suchen Sie sich eine Position, in der der Übeltäter Sie gut sehen kann.
2. Stimmen Sie sich auf seine Musik ein und fangen Sie an, möglichst anzüglich die Wörter mit den Lippen zu formen. (Balladen von Boygroups sind dafür besonders gut geeignet.)
3. Benutzen Sie wie alle guten Entertainer Ihre Hände, um Zeilen wie »Do you think I'm sexy« zu veranschaulichen, indem Sie zum Beispiel bei »you« auf ihn deuten, dann bei »I'm sexy« auf sich selbst und anschließend die Augenbrauen hochziehen.
4. Grooven Sie in Ihrem Sitz zur Musik und vergessen Sie nicht, ein paar übertrieben peinliche Moves einzubauen.
5. Der Clou bei dieser Methode ist, zum Beat der Musik zu tanzen, die der andere hört, damit ihm klar wird, dass er es ist, der Ihr seltsames Verhalten bewirkt.

ETIKETTE-TIPP: *Peinliches Tanzen: Selbst der abgehärtetste Lautstärke-Junkie verfällt in erstauntes (und vielleicht sogar respektvolles) Schweigen, wenn er sich den albernen Tanzstil eines Erwachsenen ansehen muss.*

Wie man sich gegen redselige Sitznachbarn zur Wehr setzt

Es gibt keine Regel, die Passagieren verbietet, miteinander zu reden (und zu reden und zu reden). Aber das Gesetz der Höflichkeit gebietet, rücksichtsvoll zu sein, wenn man jemanden im Flugzeug in ein Gespräch verwickelt.

Der redselige Sitznachbar ist – auch wenn er es eigentlich nur gut meint – einer der gefürchtetsten in der bunten Truppe der Flugreisenden. Er ist normalerweise schon etwas älter und hat viele Anekdoten von seinen Katzen, der entzückenden Tochter, dem reizenden Sohn oder den Enkelkindern auf Lager. Sie sind ohne Fluchtmöglichkeit an ihren Sitz gefesselt – neben einer Person, die sich selbst gern reden hört. Was tun?

1. Nehmen Sie sich ein Buch, eine Zeitschrift oder Ihr Smartphone zu Hilfe. Das ist die naheliegendste Lösung. Greifen Sie in Ihre Tasche und holen Sie irgendetwas zum Lesen heraus. Schlagen Sie es – für Ihren Sitznachbarn gut sichtbar – auf und stecken Sie Ihre Nase hinein. Wenn Sie lieber Musik hören wollen, setzen Sie sich Kopfhörer auf.
2. Falls Sie nicht gern Bücher lesen oder einfach vergessen haben, eines mitzunehmen, finden Sie im Netz an der Rückseite des Vordersitzes Bordmagazine. Sollte Ihr Netz beim Auffüllen vergessen worden sein, lesen Sie sich die Sicher-

heitshinweise oder den Aufdruck auf der Kotztüte oder was auch immer durch – Hauptsache, es stehen Wörter drauf.

3. Wenn der Übeltäter weiter auf Sie einredet, obwohl Sie versuchen zu lesen (oder es zumindest vorgeben), sagen Sie höflich, aber bestimmt: »Es tut mir leid, aber ich bin gerade ganz in mein Buch/meine Zeitschrift/die Sicherheitshinweise/meine Musik vertieft. Ich will nicht unhöflich sein, nur im Moment möchte ich lieber lesen/Musik hören als reden.« Selbst Mitmenschen, die für die üblichen sozialen Signale nicht so empfänglich sind, werden die Botschaft verstehen.

Eine weitere Möglichkeit, sich gegen einen redseligen Sitznachbarn zur Wehr zu setzen, ist, auf alles, was er sagt, noch eins draufzusetzen: Egal, was für eine Geschichte er erzählt, Sie kommen immer mit einer besseren um die Ecke. Sagen wir, Sie haben eine geschwätzige Sitznachbarin, die aus ihrem Leben erzählt. Betty, ihre Tochter, hat gerade Vierlinge zur Welt gebracht? Pah, Ihre Schwester hat gerade Siebenlinge bekommen! Nicht nur das – sie und ihr Mann glauben, dass sie Edgar, Ansgar, Oskar, Eliska, Franziska, Frank und Paul in ihrer zweiten Flitterwoche gezeugt haben. Ach, die beiden hatten so eine schöne Zeit! Es war ihnen gelungen, ein supergünstiges Angebot für eine Reise nach Maui zu finden und dann … Sie wissen schon. (Hinweis: Damit diese Taktik aufgeht, müssen Sie länger reden als Ihre Sitznachbarin. Wenn die Betty-Story fünf Minuten lang ist, muss Ihre 15 Minuten in Anspruch nehmen. Seien Sie so unerträglich wie möglich – andernfalls wird sie in Ihnen einen Verbündeten sehen, der genauso gern plaudert wie sie selbst.

Lassen Sie Ihren Körper sprechen

Körpersprache ist ein effektives Mittel, um Ihrem Sitznachbarn einen Hinweis zu geben.

Wenn Sie signalisieren wollen, dass Sie für ein Gespräch offen sind, verhalten Sie sich so:

1. Nehmen Sie Blickkontakt mit Ihrem Nachbarn auf.
2. Lächeln Sie ihn an.
3. Verwenden Sie eine freundliche Körpersprache (indem Sie sich ihm leicht zuwenden, seine Gestik reflektieren und so weiter).

Wenn Sie signalisieren wollen, dass Sie nicht für ein Gespräch offen sind, verhalten Sie sich so:

1. Schauen Sie woanders hin und vermeiden Sie Blickkontakt.
2. Legen Sie leicht die Stirn in Falten.
3. Verwenden Sie eine abweisende Körpersprache, indem Sie sich in Ihren Sitz sinken lassen, Ihre Nase in ein Buch stecken, Kopfhörer aufsetzen oder Ähnliches.

ETIKETTE-TIPP: *Körper haben ihre eigene Sprache. Heiße Luft muss raus. Es passiert jedem von uns, durchschnittlich sogar zehn Mal am Tag. Das heißt, wir verströmen über einen Zeitraum von 24 Stunden knapp 2000 Milliliter Gas. Je länger der Flug dauert, desto wahrscheinlicher ist es, dass Blähungen entweichen, vor allem wenn Sie Brokkoli, Kohl oder Bohnen gegessen haben. Da nur einer von zehn Furzen riecht, kann es gut sein, dass keiner was merkt, es sei denn, es ist gerade ein Stinkefurz. Falls er doch bemerkt wird, ist eine verlegene Entschuldigung angebracht. Und falls er von jemand anderem kommt, versuchen Sie möglichst, ihn zu ignorieren. Stehen Sie auf und laufen Sie durch die Kabine, bis sich der Gestank verflüchtigt hat.*

IM PENDLERZUG

Pendlerzüge sind im Normalfall überfüllt, zu wenig oder zu stark beheizt, die Sitze sind hart und man hat keine Ellbogenfreiheit. Es gibt so viele Schilder, die Passagiere dazu ermahnen, die Füße nicht auf die Sitze zu legen, nicht zu rauchen, nicht zu essen und nicht zwischen den Waggons hin und her zu wechseln, dass man meinen sollte, die Pendler wüssten, wie sie sich zu verhalten haben. Doch stattdessen fühlen sie sich dadurch offenbar ihrer Freiheit beraubt, was sie kompensieren müssen. Das wiederum artet manchmal in grobem Verhalten gegenüber ihren Mitmenschen aus.

Doch es geht auch anders. Bei den alltäglichen Herausforderungen - beispielsweise sich auf dem Bahnsteig durchzumanövrieren, sich ein kleines bisschen Platz zum Zeitunglesen zu erobern oder ein Telefonat zu führen – erwerben Pendler ein Repertoire an Überlebensstrategien, die aber nicht immer auf rücksichtsloses Benehmen hinauslaufen müssen.

MENSCHENTRAUBEN AUF DEM BAHNSTEIG

Man trifft überall auf dieses bestimmte Menschengrüppchen, das genau weiß, an welcher Stelle die Tür sein wird, wenn der Zug in den Bahnhof einfährt. Manchmal gibt es mehrere solcher Stellen, manchmal nur eine. Das können Sie ganz leicht herausfinden, indem Sie beobachten, wie sich die erfahrenen Passagiere auf einer Fläche von einem halben Meter (der Breite der Tür) zusammendrängen. Folgen Sie ihnen – Menschen, die täglich pendeln, werden Sie garantiert nicht fehlleiten. Es kann höchstens passieren, dass Sie dem rücksichtslosen Verhalten am Bahnsteig zum Opfer fallen – wenn sich zum Beispiel ein Passagier mithilfe seiner Einkaufstasche in die paar Zentimeter zwischen Ihnen und einem anderen Reisenden schiebt, um sich vorzudrängeln.Vordrängeln ist der Gipfel schlechten Benehmens unter Pendlern. Man sollte sich niemals dazu hinreißen lassen (es sei denn, ein anderer provoziert es) und stets wachsam sein, falls sich jemand vordrängeln will. Wo kämen wir denn hin, wenn das alle machen würden? Es wäre das Ende der Zivilisation, wie wir sie kennen. Das nächste Mal, wenn jemand versucht, Ihnen Ihre 1-A-Bahnsteig-Position streitig zu machen, empfiehlt sich die folgende verbale Reaktion:

1. Sprechen Sie ihn an: »Ähm, Sie haben sich gerade vorgedrängelt.«
2. Möglicherweise wird die andere Person erwidern: »Aber hier ist ja auch keine Schlange. Das ist eher eine Menschentraube.«
3. Bleiben Sie standhaft: »Es ist vielleicht nicht genau das, was der Duden als ›Schlange‹ definieren würde, aber trotzdem gilt hier ein ungeschriebenes Gesetz. Und Sie haben sich gerade zwischen mich und die Tür gedrängt. Das ist Vordrängeln.«
4. Gewinnen Sie die Unterstützung der Menschen um Sie herum, appellieren Sie an deren Gerechtigkeitssinn. Nehmen Sie Blickkontakt zu ihnen auf und fragen Sie laut: »Habe ich recht?« Sehr wahrscheinlich werden Sie die anderen auf Ihrer Seite haben, und sobald der Vordrängler merkt, dass er in der Unterzahl ist, wird er klein beigeben.

ETIKETTE-TIPP: *Wenn Sie jemanden mit Worten zurechtweisen, sprechen Sie hochgestochen und schnell – damit können Sie Ihr Gegenüber beeindrucken und es wird eine Weile dauern, bis er seine Sprache wiederfindet. »Hä? Was ist denn ein Neophyt? Und was heißt ›antropomorphisch‹? Ich muss mir schnell etwas ausdenken, das genauso schlau klingt.«*

ÄRGER BEWÄLTIGEN

Ein wichtiger Grund für Etikette sind die Konsequenzen einer Welt ohne Etikette. Denn das wäre eine Welt voller Koller – Straßenkoller, Fahrstuhlkoller, In-der-Schlange-steh-Koller, Flugzeugkoller. Koller passieren. Das nationale Bündnis für seelische Gesundheit gibt folgende Tipps, wie man sie in den Griff bekommt:

- Ändern Sie etwas an Ihrer Art zu denken. Ersetzen Sie unmittelbare, wütende Gedanken durch rationale. Wandeln Sie zum Beispiel den Satz »Wie furchtbar, jetzt ist alles kaputt« um in »Das ist ziemlich frustrierend und es ist verständlich, dass ich mich darüber aufrege, aber es ist nicht das Ende der Welt«. Machen Sie sich klar, dass die Welt es nicht »auf Sie abgesehen« hat – Sie erleben einfach nur gerade die unangenehmen Seiten des Alltags, so wie jeder andere auch.

- Beginnen Sie mit der Problemlösung. Aber konzentrieren Sie sich lieber darauf, einen Umgang mit dem Problem zu finden, anstatt es gänzlich lösen zu wollen. Es liegt zwar vielleicht nicht in Ihrer Hand, dafür zu sorgen, dass der Zug pünktlich im Bahnhof einfährt. Doch Sie können die Leute, mit denen Sie verabredet sind, anrufen und ihnen mitteilen, dass Sie sich verspäten werden. Die Fahrt, die länger als gedacht ist, können Sie dazu nutzen, Arbeit zu erledigen.
- Versuchen Sie, freundlicher zu kommunizieren. Sprechen Sie nicht gleich aus, was Ihnen als Erstes durch den Kopf schießt. Hören Sie zu, wenn jemand Ihnen etwas erzählt, und denken Sie in Ruhe darüber nach, was Sie antworten wollen.
- Reagieren Sie mit Humor, sofern es angebracht ist. Nicht mit sarkastischem, fiesem, sondern mit konstruktivem Humor, der die Situation ins richtige Licht rückt. Zum Beispiel können Sie die Person, die sich gerade vorgedrängelt hat, fragen: »Wissen Sie denn nicht, wer ich bin? Mein Vater ist der Präsident der USA!«

EIN- UND AUSSTEIGEN

Manche Leute haben immer noch nicht begriffen, dass sie die Fahrgäste erst aussteigen lassen müssen, bevor sie selbst einsteigen können. (Das Gleiche gilt in Bezug auf Fahrstühle.) Der Sturm auf die Türen verursacht jedes Mal Stau, wenn diejenigen, die aussteigen wollen, mit den Einsteigenden kollidieren und es in der Tür zu Engpässen kommt. Manchmal entstehen regelrechte Tumulte, weil die aussteigenden Passagiere in Panik verfallen, nicht rechtzeitig rauszukommen und eine Station weiterfahren zu müssen. Es kann sogar passieren, dass jemand niedergetrampelt wird!

Wie können Sie am geschicktesten Ihre Mitreisenden erziehen und gleichzeitig sichergehen, dass Sie selbst sich in einer guten Einsteige- oder Aussteigeposition befinden? Indem Sie mit gutem Beispiel vorangehen natürlich. Die folgende Taktik funktioniert am besten, wenn Sie in der Gruppe der Einsteigenden ganz vorn stehen.

1. Sobald sich die Türen des einfahrenden Zuges öffnen, treten Sie einen Schritt zurück, um zuerst die Passagiere aussteigen zu lassen.
2. Falls sich jemand in die Lücke drängt, die Sie für die Aussteigenden freigelassen haben, erklären Sie ihm: »Sie haben es wahrscheinlich nicht bemerkt, aber es sind noch nicht alle Leute ausgestiegen, die raus wollen. Solange die nicht raus sind, können wir nicht einsteigen.«
3. Auch wenn es so aussieht, als hätte die letzte aussteigende Person den Waggon verlassen, werfen Sie einen kurzen Blick hinein, um sich zu vergewissern. Denn es kann ja sein, dass ein älterer Fahrgast oder einer mit viel Gepäck länger braucht.
4. Wenn niemand mehr in Sicht ist, steigen Sie ein.

Hinweis: Wenn es an Ihrer Tür zu einem Engpass kommt, werden Sie nicht dort einsteigen können. Begeben Sie sich in diesem Fall sofort zur nächsten Tür. Vergewissern Sie sich kurz, dass es dort keine ähnlichen Probleme gibt, aber halten Sie sich nur so lange vor der blockierten Tür auf, wie Sie brauchen, um die Situation abzuschätzen.

HANDY-TELEFONATE

Es ist ein Zeichen der Zeit, dass viele Züge heutzutage Ruheabteile haben, in denen keine Handys benutzt werden sollen. Allgemein gelten für das Telefonieren im Zug folgende Regeln:

1. Stellen Sie Ihren Rufton auf Vibration oder niedrigste Lautstärke.
2. Beschränken Sie Telefongespräche auf zwei, maximal drei Minuten.
3. Telefonieren Sie in leisem, ruhigem Tonfall.

Man sollte sein Handy auch nur im Notfall benutzen, da es die anderen Passagiere belästigt, wenn jemand laut ins Telefon quatscht. Es ist unnötig, seine Liebsten aus dem Zug anzurufen, um ihnen mitzuteilen: »Ich bin gerade eingestiegen«, »Ich sitze immer noch im Zug« oder »Ich steige gleich aus«.

In Japan erteilte die Kommunikationskommission im Jahr 1999 auserwählten Veranstaltern von Live-Aufführungen in Theatern und Konzertsälen die

Erlaubnis, »Cell Phone Jammer« einzusetzen. Diese Geräte sorgen dafür, dass der Handyempfang in einem bestimmten, begrenzten Bereich gestört wird. In den USA werden sie in einigen Krankenhäusern verwendet, um zu verhindern, dass Lebenserhaltungssysteme durch Handysignale gestört werden. Aber überall sonst müssen sich die Menschen selbst helfen. Was tun, wenn andere Mitreisende nicht die geringste Ahnung haben, was sich gehört? Stellen Sie sich folgendes Szenario vor:

15 Minuten, nachdem Sie in den Zug eingestiegen sind, erhält der Typ auf der anderen Seite des Gangs einen Anruf. Der Klingelton? *Ode an die Freude*. Immer und immer wieder wird dieselbe Melodie abgespielt, während der Typ gemächlich sein Handy aus der Tasche fischt. Dann geht er ran und beginnt, von seinem Tag zu erzählen und wie er fast den Zug verpasst hätte. Er geht vollkommen in seiner Geschichte auf, lacht schallend und gestikuliert dabei mit der Rückenlehne des Sitzes vor ihm, als sei diese der Gesprächspartner am anderen Ende der Leitung. Um die Fahrgäste, die nur ein paar Zentimeter von ihm entfernt sitzen, kümmert er sich nicht. Die netteste Lösung ist die, ihn mangels Beweisen freizusprechen und davon auszugehen, dass er sich der Ruhestörung, die er verursacht, tatsächlich nicht bewusst ist.

Lehnen Sie sich über den Gang in seine Richtung und lenken Sie seine Aufmerksamkeit auf sich, indem Sie laut und bestimmt »Entschuldigen Sie« sagen.

1. Warten Sie, bis er Blickkontakt mit Ihnen aufnimmt.
2. Bitten Sie ihn, leiser zu sprechen, da noch andere Passagiere im Abteil sitzen, die – wie Sie auch – versuchen zu lesen, zu arbeiten oder nachzudenken.
3. Wenn er sein rücksichtsloses Verhalten nicht ändert, holen Sie den Schaffner zur Unterstützung.

Ein anderer möglicher Ansatz wäre, die Sache in die eigene Hand zu nehmen und ihn zum Objekt des Spotts zu machen.

1. Sobald er sein Telefonat beendet hat, holen Sie Ihr Handy heraus und rufen Sie einen Freund an, von dem Sie wissen, dass er nicht rangehen wird.
2. Sprechen Sie ihm eine Nachricht auf die Mailbox, in der Sie laut die Geschichte wiederholen, die der andere Typ kurz vorher seinem Freund erzählt hat. Leiten Sie sie mit den Worten ein: »Du wirst nicht glauben, was ich gerade gehört habe!«
3. Reden Sie laut genug, dass der *Ode an die Freude*-Typ Sie hören kann (aber nicht so laut, dass Sie gegen die Regeln für Handy-Telefonate verstoßen).

IN DER U-BAHN

Es ist doch sehr passend, dass die U-Bahn unterirdisch verläuft – denn die Menschen verwandeln sich, kaum dass sie diese Sphäre betreten, ausnahmslos in Zombies. Genauer gesagt, in unhöfliche, stinkende, persönliche Grenzen missachtende Zombies.

DIE UMKÄMPFTE STANGE

Die Stangen in den U-Bahn-Waggons sind dazu gedacht, mindestens vier, möglichst fünf oder sechs stehenden Fahrgästen Halt zu bieten. Im Idealfall kennen die Passagiere die Etikette rund um die Stange und halten sich daran:

1. Positionieren Sie Ihren Körper so, dass nur eine Hand (meistens die dominante) die Stange berührt, der Rest des Körpers steht etwa eine Armlänge davon entfernt. (Dadurch wird gewährleistet, dass sich mehr als eine Person gleichzeitig daran festhalten können.)
2. Rutschen Sie mit der Hand an der Stange nach oben oder unten, um zusteigenden Fahrgästen Platz zu machen.
3. Vermeiden Sie, so gut es geht, die Hände der anderen zu berühren, und wahren Sie Ihren eigenen sowie den persönlichen Raum der Mitfahrer.

Wenn allerdings ein rücksichtsloser Stangen-Umklammerer einsteigt, wird dieses Hilfsmittel seines Zwecks beraubt. Dieser Typ Fahrgast ist so gierig, dass er die Stange umarmt, in Halbkreisen um sie herumschwingt - und manchmal sogar eine ganze Drehung vollzieht. Normalerweise ist er in Begleitung einer Gruppe von Freunden, die aus irgendeinem Grund völlig aufgedreht sind - weil sie ausgehen oder wegen eines Films, den sie gerade gesehen haben, weshalb auch immer. Wenden Sie die folgende Taktik an, um sich Ihren Platz zu sichern:

1. Steuern Sie direkt auf die Stange zu und halten Sie sich daran fest.
2. Es kann vorkommen, dass der Missetäter die Stange mit seinem ganzen Körper umarmt. In dem Fall sagen Sie: »Entschuldigen Sie«, um darauf hinzuweisen, dass auch Sie sich daran festhalten wollen.
3. Sobald Sie mit Ihrer Hand die Stange umgreifen, können Sie sich ein paar Zentimeter davon weg in eine bequeme Position manövrieren, wodurch die andere Person gezwungen wird, ihre Umklammerung zu lösen.

Wie Sie den Stangen-Umklammerer wegekeln

Diese Lösung funktioniert am besten, wenn Sie in Begleitung sind. Falls nicht, werden Sie mit jemandem Bekanntschaft schließen müssen, der in der Nähe des Stangen-Umklammerers sitzt oder steht.

1. Suchen Sie sich einen Steh- oder Sitzplatz in seiner Nähe.
2. Fangen Sie an, Ihrem Gesprächspartner von einem Artikel über Keime und Bakterien zu erzählen, den Sie kürzlich in einem Nachrichtenmagazin gelesen haben.
3. Erklären Sie ihm – laut genug, dass der Stangen-Umklammerer Sie verstehen kann –, dass Forscher Proben an Stangen und Geländern in der U-Bahn genommen und darin Spuren von Fäkalien gefunden hätten.
4. Diese Information sollte der Person genügen, um Abstand von der Stange zu halten und Ihnen – und ihrer alten oder neuen Bekanntschaft – Platz zu machen. (Vergessen Sie nicht, sich nach dem Aussteigen die Hände zu waschen.)

ETIKETTE-TIPP: *Menschen kommen nicht gern mit Bazillen in Berührung. Falls Sie sich Platz verschaffen wollen, tun Sie so, als hätten Sie eine Grippe, und Sie haben freie Bahn.*

SITZPLATZ-ETIKETTE

Die Sitze in normalen U-Bahnen sind so eng, dass es passieren kann, dass andere Fahrgäste Ihren mitbelagern – oder sagen wir, es gibt Fastfood-geformte Passagiere, die sich einfach nicht mit ihrer Seite begnügen können. Es ist ja noch einigermaßen erträglich, wenn die fragliche Person ein wenig pummelig ist und Sie lediglich die Wahl haben, entweder zu stehen oder sich in den Sitz beziehungsweise das, was davon übrig ist, zu zwängen – mit den Ellbogen auf den Knien, weil sie anders nicht reinpassen. Wenn der Fahrgast jedoch den Sitz mit einer Einkaufstasche, einem nassen Regenschirm oder sonstigen Gegenständen besetzt, die er genauso gut auf seinem Schoß oder auf dem Boden abstellen könnte, werden Sie möglicherweise in Aktion treten müssen.

Die Goldene Regel für U-Bahn-Passagiere lautet: Niemand nimmt mehr als einen Sitzplatz ein. Wenn Sie auf jemanden treffen, der eindeutig gegen die Regel verstößt und seine Sachen auf einem zweiten Platz abgelegt hat, versuchen Sie es auf die direkte Art.

1. Erregen Sie durch ein »Entschuldigen Sie«, kombiniert mit einem Blick auf die Einkaufstasche/den Regenschirm/die Zeitung neben ihm, seine Aufmerksamkeit, drehen Sie sich um 180 Grad und machen Sie Anstalten, sich zu setzen.
2. Lassen Sie der anderen Person keine Wahl, indem Sie beispielsweise fragen, ob der Platz frei ist und Sie sich dort hinsetzen können. Das sind Schein-

fragen – der Platz ist öffentliches Eigentum. Wenn Sie dort sitzen wollen, ist das Ihr gutes Recht.

3. Während Sie Anstalten machen, sich zu setzen, sollte der andere den Sitz freimachen. Aber versichern Sie sich, dass er tatsächlich frei ist, bevor Sie sich ganz hinsetzen – nicht, dass Sie sich in eine peinliche Situation bringen.

Das ABC des persönlichen Raums

Geschichte. Der persönliche Raum wurde erst mit der Industriellen Revolution Anfang des 19. Jahrhunderts zu einem Thema, als die Menschen aus ländlichen Gebieten in Städte wie London oder New York strömten.
Proxemik. Der wissenschaftliche Begriff für das Verhalten des Menschen unter Berücksichtigung des Raumes wurde in den Sechzigerjahren vom amerikanischen Anthropologen Edward T. Hall eingeführt. Nach Halls Theorie funktioniert der persönliche Raum wie eine Verlängerung des menschlichen Körpers, Hall unterscheidet dabei vier Zonen: die intime Zone für Flüstern und Umarmungen (mit einem Abstand von bis zu 50 Zentimetern); die persönliche Zone für Gespräche unter guten Freunden (mit einem Abstand von 50 Zentimetern bis 1,20 Meter); die soziale Zone für Gespräche mit neuen Bekanntschaften (mit einem Abstand von 1,20 bis 3 Meter); und die öffentliche Zone für die Interaktion mit Fremden (mit einem Abstand von 3 bis 7,60 Meter).

Kulturelle Unterschiede. Bei Nordeuropäern fängt die intime oder private Zone früher an und es wird ein größerer Körperabstand gewahrt als bei Südeuropäern. Im Allgemeinen halten Frauen, egal, ob sie sitzen oder stehen, weniger Abstand als Männer.
Bewusste Verletzung des persönlichen Raums. Polizeiermittler dringen beim Verhör eines Verdächtigen in dessen persönlichen Raum ein – sie kommen ihm absichtlich zu nahe, um einen psychologischen Vorteil zu gewinnen.
Debüt in der Popkultur. 1994 wurde in der Episode »Regenmäntel« aus der fünften Staffel der Sitcom *Seinfeld* der Begriff »Close-talker« erfunden, um die von Judge Reinhold gespielte Figur zu charakterisieren.

Seinen Sitzplatz aufgeben

In einer überfüllten U-Bahn oder einem überfüllten Bus sollte ein gesunder Fahrgast sofort aufstehen, um seinen Platz einem älteren Mitbürger, einer schwangeren Frau, einer Mutter mit kleinem Kind oder einer anderen Person zu überlassen, die dringender darauf angewiesen ist.

1. Wenn Sie die Person einsteigen sehen, gehen Sie mit gutem Beispiel voran und springen Sie von Ihrem Sitzplatz auf.
2. Machen Sie eine Geste (eine Art schaufelnde Bewegung in Richtung des Sitzes, kombiniert

mit einem auffordernden Blick), mit der Sie der anderen Person den Platz anbieten. Oder falls Sie nahe genug sind, fragen Sie einfach laut: »Möchten Sie sich setzen?«
3. Bleiben Sie vor dem Platz stehen, bis die Person ihn erreicht hat, um sicherzugehen, dass ihr kein anderer zuvorkommt.
4. Nachdem sie Platz genommen hat, setzen Sie die Fahrt im Stehen fort, zumindest so lange, bis ein anderer Sitz frei wird.

UMGANG MIT HUSTERN UND NIESERN

In einer vollen U-Bahn – oder im Flugzeug, im Zug, im Fahrstuhl, wo immer man sich mit vielen Menschen zusammen in einem geschlossenen Raum aufhält – lässt es sich nicht vermeiden, dass man mit den Keimen der Menschen um einen herum in Berührung kommt.

Gibt es etwas Schlimmeres, als zu spüren, wie sich die feinen, mikrobengeladenen Tröpfchen eines Fremden auf der eigenen Haut niederlassen? Wenn Ihr Immunsystem nicht gerade aus reinem Gold ist, werden Sie sich mit ziemlicher Sicherheit bei dem verantwortungslosen Fahrgast anstecken. Es ist ein Teufelskreis – aber einer, der sich durchbrechen lässt. Wenn Sie eingreifen, mag es zwar zu spät sein, sich selbst zu helfen, dafür kann Ihr Altruismus aber unzählige andere retten.

1. Tragen Sie während der Grippesaison stets Taschentücher bei sich.
2. Holen Sie die Packung aus Ihrer Tasche heraus und bieten Sie dem Nieser oder Huster ein Taschentuch an.
3. Fragen Sie: »Möchten Sie eines?« Lächeln Sie dabei mitfühlend und fügen Sie hinzu: »Ich habe selbst gerade eine Erkältung hinter mir.« Das erklärt, weshalb Sie noch immer Taschentücher mit sich herumtragen, dadurch wird Ihr Gegenüber Ihre Geste nicht als Affront auffassen.
4. Sollte er oder sie ablehnen, sagen Sie einfach: »Bitte, ich bestehe darauf.« Sie können den rücksichtslosen Passagier auch an die Grundlagen der Keimtheorie erinnern: »Es wäre besser, wenn Sie andere nicht mit Ihrer Erkältung anstecken würden.«

Falls die hilfsbereite Annäherung keine Wirkung zeigt, wenden Sie eine etwas theatralischere Strategie an:

1. Wischen Sie sich dramatisch den Schleim ab und kommentieren Sie die Geste: »Igitt, wie ekelhaft. Der hat mich voll erwischt!«
2. Wenden Sie sich an die Person neben Ihnen und sprechen Sie sie an: »Stellen Sie sich vor, der Typ neben uns hat uns gerade nass geniest, ohne dass wir um eine Dusche gebeten hätten!«
3. Der Nieser oder Huster sollte sich gründlich genug schämen, um beim nächsten Mal seine Nase oder seinen Mund zu bedecken.

TAXI-ETIKETTE

Je nachdem, wo Sie leben, kann es mit einem Anruf beim Taxiunternehmen schon getan sein – oder aber Sie müssen an einer belebten Straßenecke mit anderen Fahrgästen konkurrieren, die ebenfalls versuchen, ein Taxi heranzuwinken. Doch in jedem Fall ist es gut möglich, dass einem beim Einsteigen das größte Abenteuer erst noch bevorsteht. Wie können Sie feststellen, ob Sie einen ehrlichen Taxifahrer mit einem verlässlichen Taxameter erwischt haben, und wie sprechen Sie ihn am besten darauf an, falls nicht? Wie sind die Richtlinien fürs Trinkgeld? Wie sieht es aus, wenn man sich eine Fahrt teilt? Und was, wenn der Fahrer etwas zu freundlich wird?

KONKURRIERENDES WINKEN

Eingefleischte Großstädter verstehen sich darauf, Taxis aufzuspüren wie Jäger einen Hirsch. Sie stehen an der Straßenecke, verschmelzen mit ihrem natürlichen Lebensraum, ihre Augen suchen die Straßen ab, ihre Münder zucken ungeduldig – diese Leute haben ein untrügliches Gespür für den gelb leuchtenden rechteckigen Kasten (der »frei« bedeutet), selbst wenn er noch vier Häuserblocks entfernt ist. Sie selbst haben zwar vielleicht schon länger an der Ecke gewartet, aber wie soll man es mit einem gestandenen Taxi-Cowboy aufnehmen? Er hat es einfach im Blut.

Was tun, wenn er ein Taxi heranwinkt, das eigentlich Ihres sein müsste?

Die effektivste Lösung besteht darin, der Kompetenz des Konkurrenten Ihre eigene Großstadt-Cleverness entgegenzusetzen.

1. Gehen Sie auf die Person zu und fragen Sie sie nach ihrem Ziel.
2. Wenn Sie in die gleiche Richtung wollen, fragen Sie, ob sie nicht das Taxi teilen möchte.
3. Für den Fall einer Ablehnung, machen Sie sich das kurzzeitige Zögern des anderen zunutze und schwingen Sie sich auf die Rückbank. Rufen Sie dem Fahrer laut Ihr Ziel entgegen, damit er schnell losfahren und den Konkurrenten in einer Staubwolke zurücklassen kann.
4. Haben Sie kein schlechtes Gewissen – Sie waren zuerst da.

Alternativ können Sie auch an das Mitleid Ihres Konkurrenten appellieren (vor allem, wenn Sie mit Taschen beladen sind).

1. Drücken Sie in einem lauten Ausruf Ihre Bewunderung dafür aus, wie zielsicher der andere das Taxi herangewinkt hat. »Das ist ja kaum zu glauben! Sie hatten Ihre Hand schon oben, als das Taxi noch vier Blocks entfernt war.«
2. Bringen Sie anschließend Ihre Verzweiflung über Ihre eigene Unfähigkeit zum Ausdruck. »Es will

mir einfach nie gelingen, ein Taxi zu bekommen. Man sollte meinen, ich müsste es eher erkennen, schließlich ist es knallgelb und leuchtet nachts, aber ich bin einfach kein Stadtmensch.« Kichern Sie. (Das nennt man »sich dumm stellen«.)

3. Gehen Sie aufs Ganze. »Hätten Sie was dagegen, wenn ich dieses Taxi nehme? Ich brauche so lange, um ein anderes zu bekommen, und Sie benötigen nur eine Sekunde.«

Selbst abgeklärte Stadtbewohner werden sich von Ihrer Ansage geschmeichelt fühlen oder gerührt sein und Ihnen gnädig den Vortritt lassen. Falls nicht, greifen Sie auf die anfängliche Strategie zurück (siehe Schritt drei).

TAXIFAHRER-BEZIEHUNGEN

Gut, Sie haben Ihr Taxi – nun ist es Zeit für Phase zwei: eine positive Beziehung zu Ihrem Taxifahrer aufzubauen. Im Idealfall basiert sie auf Ehrlichkeit und Vertrauen, doch da der Taxifahrer möglicherweise nicht ganz so tugendhaft ist, sollten Sie ihm klarsichtig und mit einer gesunden Portion Wachsamkeit begegnen.

Das Taxameter lesen

Die erste Faustregel, die jeder Fahrgast, der ein bisschen Selbstachtung hat, beherzigen sollte, lautet: Beobachten Sie das Taxameter mit Adleraugen.

Vielleicht sind Sie in dieser Stadt schon Taxi gefahren und wissen folglich, wie viel man pro Kilometer normalerweise bezahlt, ob Extragebühren im Spiel sind oder nicht. Wenn sich Ihnen der Fahrpreis nicht erschließt, sagen Sie es.

1. Äußern Sie Besorgnis: »Hm, das ist seltsam. Ich bin dieselbe Route schon häufiger gefahren und der Fahrpreis war nie so hoch. Sind die Preise vielleicht gestiegen, ohne dass ich etwas davon mitbekommen habe?«
2. Diese milde Form der Konfrontation wird den Fahrer möglicherweise zu einem umständlichen Geständnis bewegen, in dem er zugibt, dass sein Taxameter »kaputt« sei. Die Verkehrsbetriebe raten dazu, aus Taxis mit kaputtem Taxameter sofort wieder auszusteigen und das Taxiunternehmen zu verständigen. Ein Taxifahrer verstößt schon gegen das Gesetz und hat mit einer Geldstrafe zu rechnen, wenn er sich mit einem kaputten Taxameter auf die Straße begibt.
3. Falls Sie die Auseinandersetzung beispielsweise mit einem großen, missmutigen Taxifahrer lieber vermeiden möchten, notieren Sie sich seinen Namen, das Kennzeichen und die Telefonnummer des Unternehmens und rufen Sie dort an, um Entschädigung zu verlangen, wenn Sie zu Hause in Sicherheit sind. Wenn Sie sich dafür entscheiden, den Fantasiepreis zu zahlen, sind Sie natürlich nicht verpflichtet, Trinkgeld zu geben.

4. Falls Sie beim Einsteigen feststellen, dass das Taxameter nicht funktioniert und der Taxifahrer einen Pauschalpreis mit Ihnen aushandeln möchte, liegt die Entscheidung bei Ihnen. Wenn Sie die Route kennen, wissen, wie viel die Fahrt kostet, und sich auf einen Preis einigen können, der Ihnen angemessen erscheint, ist das eine Sache. Wenn Sie aber neu in der Stadt und einem unehrlichen Fahrer ausgeliefert sind – ein kaputtes Taxameter ist bereits ein Anzeichen dafür, dass er nicht grundehrlich ist –, haben Sie jedes Recht, auszusteigen und ein anderes Taxi zu nehmen.

Eine Trinkgeld-Übung

Kombinieren Sie die folgenden Szenarien jeweils mit dem entsprechenden Trinkgeld (in Prozent zum Gesamtpreis angegeben).
Hinweis: Experten zufolge beträgt das angemessene Trinkgeld für einen Taxifahrer bis zu 10 Prozent.

1. Der Taxifahrer verwandelt eine zehnminütige Fahrt in eine zwanzigminütige Eskapade und folgt nicht der Route, die Sie angegeben haben.
2. Der Fahrer macht so viele Vollbremsungen, dass Sie fast ein Schleudertrauma bekommen.
3. Der Fahrer bringt Sie rechtzeitig an Ihren Zielort, aber Sie mussten sich die ganze Fahrt über sein Gerede über seine Eheprobleme anhören.

4. Der Fahrer bringt Sie an Ihr Ziel, und da er festgestellt hat, dass Sie Tourist sind, erzählt er Ihnen etwas über die Gegend.

a) bis zu 10 Prozent
b) 15 Prozent
c) 0 Prozent*

Der überfreundliche Taxifahrer

Dieser Typ Fahrer ist natürlich besser als der übellaunige – Sie wissen schon, der Typ, der einen richtig schlechten Tag hat und es an Ihnen auslässt. In New York machte Rudy Giuliani, als er noch regierender Bürgermeister war, den Vorschlag, dass alle Taxifahrer einen vierstündigen Kurs für Freundlichkeit und Kundenservice besuchen sollten. Damit reagierte er auf ein besonders unangenehmes Jahr, in dem bei der »taxi and limousine commission« über 4.600 Beschwerden wegen unhöflicher Fahrer eingingen. Unter den Tipps, die den Taxifahrern mit auf den Weg gegeben wurden, waren folgende: »Tauschen Sie höfliche Floskeln miteinander aus; zeigen Sie Ihrem Fahrgast, dass Sie glücklich darüber sind, dass er in Ihrem Taxi sitzt; behandeln Sie Ihren Passagier wie einen Gast.«

---

* *Lösung:* ***1. c*** *(Der Fahrgast hat das Recht, die Route zu bestimmen);* ***2. a*** *(Ja, eine furchtbare Fahrt, aber er hat Sie an Ihr Ziel gebracht, somit bekommt er das Minimum);* ***3. a*** *(Siehe 2. a);* ***4. b*** *(Ein Extra-Service verdient ein extra dickes Trinkgeld).*

Manchmal können solche Nettigkeiten allerdings auch zu weit gehen: Der Fahrer hört nicht auf, Smalltalk zu führen, Anekdoten und schlechte Witze zu erzählen und - nun ja, Sie können es sich vorstellen. Taxi zu fahren kann für den Fahrer eine einsame Angelegenheit sein, aber Sie als Passagier haben ein Recht auf eine konversationsfreie Fahrt.

1. Wie in dem Abschnitt »Wie man sich gegen redselige Sitznachbarn zur Wehr setzt« aus dem Kapitel »Im Flugzeug« (siehe Seite 22) empfohlen, ist die beste Verteidigung Zeigen, nicht Sagen. Holen Sie etwas zum Lesen oder Arbeitsunterlagen aus Ihrer Tasche. Senken Sie den Kopf (damit kein Blickkontakt über den Rückspiegel zustande kommen kann) und tun Sie so, als wären Sie vollkommen in Ihr Buch oder Ihre Arbeit vertieft. Machen Sie sich irgendwelche Notizen.
2. Wenn Sie ein Handy dabeihaben, holen Sie es heraus und rufen Sie jemanden an (Sie können auch nur so tun als ob, falls Sie keine Lust haben, tatsächlich zu telefonieren). Der Fahrer kann nicht reden, solange Sie sich mit jemand anderem unterhalten.
3. Sollte er Ihre subtilen Andeutungen noch immer nicht verstanden haben, sagen Sie frei heraus: »Wäre es in Ordnung für Sie, wenn wir uns während dieser Fahrt nicht unterhalten?«

AUF DER AUTOBAHN UND IM STADTVERKEHR

Wie aktuelle Studien zum Fahrverhalten belegen, steigt die Zahl der unbeherrschten Autofahrer. Aber ist das wirklich so überraschend? Die meisten dieser Leute haben Büro- oder Fabrikjobs, sie rackern sich ab, damit andere an ihrer Arbeit verdienen, und müssen über jede einzelne Minute Rechenschaft ablegen, selbst wenn sie nur kurz rausgehen, um frische Luft zu schnappen oder eine zu rauchen. Dann endlich sitzen sie in ihrem Auto und übernehmen selbst das Steuer. Sie sind die Könige und Königinnen ihrer Fahrzeuge. Und wenn jemand es wagt, zu dicht aufzufahren oder die Lichthupe zu betätigen – den König, den Herrscher über die Straßen, zu provozieren –, dann gibt's Ärger.

Doch es geht auch anders. Selbst unter den stressigsten Bedingungen kann man sich im Verkehr anständig verhalten. Wenn nur genügend Fahrer die Goldene Regel der Straße beachten würden (»Behandeln Sie andere Fahrer so, wie Sie selbst auch gern behandelt werden möchten«), wären unsere Autobahnen und Straßen viel angenehmere und freundlichere Orte. Diese Goldene Regel umfasst eine Reihe technischer Punkte, die man in der Fahrschule beigebracht bekommt – beispielsweise wann genau das Fernlicht, das Abblendlicht und die Blinker einzuschalten sind. Regeln, die man im Schlaf beherrschen sollte. Doch leider haben sich manche Leute nie die

Zeit genommen, diese zu lernen, oder sie wollen sie nicht beachten. (Hinweis: Die Angewohntheit, den ganzen Tag über seine Wut zu unterdrücken und sich dann auf der Straße abzureagieren, zieht sich durch sämtliche westliche Länder. In England wurde der Begriff »road rage« – Straßenkoller – geprägt. Und Wissenschaftler haben sogar Fälle von »Buggykoller« zur Kolonialzeit aufgedeckt.)

Hier sind einige grundlegende Regeln – für den Fall, dass Sie sich nicht mehr an Ihren Fahrschulunterricht erinnern können. Wenn Sie gegen eine dieser Regeln verstoßen, machen Sie sich zur Zielscheibe aggressiver Autofahrer.

- Spuren blockieren. Die linke Spur ist die Überholspur – benutzen Sie sie ausschließlich zu diesem Zweck. Weichen Sie auf die rechte Spur aus, wenn ein anderes Auto Sie überholen will.
- Dichtes Auffahren. Tun Sie es nicht. Halten Sie einen Sicherheitsabstand zu Ihrem Vordermann ein.
- Blinker. Die anderen Fahrer werden vielleicht der Meinung sein, Sie hätten sie schneiden wollen, wenn Sie vor einem Spurwechsel nicht blinken. Geben Sie ihnen lange genug im Voraus ein Zeichen, indem Sie Ihren Blinker betätigen. Vergessen Sie nicht, ihn wieder abzustellen, nachdem Sie die Spur gewechselt haben oder abgebogen sind.
- Hupen. Benutzen Sie die Hupe nur, wenn es unbedingt sein muss, und drücken Sie auch dann nur leicht drauf. Vermeiden Sie ungeduldige Ver-

Wenn Sie einen Freund auf dem Gehweg entlanglaufen sehen und sich mit ihm unterhalten wollen, halten Sie dazu nicht den ganzen Verkehr auf.

haltensweisen, wie beispielsweise den Vordermann anzuhupen, sobald die Ampel auf Grün springt – der nervtötende Lärm kann einen gestressten Fahrer dazu bringen, dass er sich vergisst.

- Einfädeln. Weichen Sie auf die linke Spur aus, damit auffahrende Fahrzeuge sich leichter einfädeln können.
- Verkehr aufhalten. Wenn Sie einen Freund auf dem Gehweg entlanglaufen sehen und sich mit ihm unterhalten wollen, halten Sie dazu nicht den ganzen Verkehr auf. Fahren Sie rechts ran (oder tun Sie einfach so, als hätten Sie ihn nicht gesehen, und fahren Sie weiter).
- Elektronische Geräte. Spielen Sie nicht mit Ihrem Handy, während Sie Auto fahren (Nummern eingeben, SMS schreiben und so weiter). Sich nicht auf die Straße zu konzentrieren ist nicht nur rücksichtslos, sondern auch gefährlich und außerdem illegal. Das Gleiche gilt für Ihr Navi. Programmieren Sie es vor und nicht während der Fahrt.

FERNLICHT

Sind Sie schon mal nachts mit eingeschaltetem Fernlicht eine dunkle Landstraße entlanggefahren? Wenn Sie sehen, dass Ihnen ein Auto entgegenkommt, schalten Sie das Fernlicht aus, um den anderen Fahrer nicht zu blenden. Was tun, wenn der Entgegenkommende vergisst, sein Fernlicht auszuschalten?

1. Geben Sie ihm ein Lichtsignal – schalten Sie von Hell auf Schwach und wieder auf Hell –, um den anderen Fahrer darauf hinzuweisen, dass etwas nicht in Ordnung ist.
2. Sollte der andere Ihr Zeichen ignorieren und das Fernlicht eingeschaltet lassen, schirmen Sie das grelle Licht mit der Hand ab, damit Sie nicht geblendet werden. Um sicherzugehen, dass Sie Ihre Spur halten, konzentrieren Sie sich auf die weiße oder gelbe Linie, die zwischen den beiden Spuren verläuft.
3. Wenn sich Ihnen ein Auto mit eingeschaltetem Fernlicht von hinten nähert, das Licht in Ihrem Rückspiegel reflektiert und Ihnen ins Gesicht strahlt, fahren Sie langsamer, um ihn überholen zu lassen.

RÜCKSICHTSVOLLES FAHREN AUF DER AUTOBAHN

Auf der Autobahn begegnet man gelegentlich einer armen Seele, die kurz vor ihrer Ausfahrt feststellt, dass sie im Begriff ist, sie zu verpassen. Unglücklicherweise befindet sich der Fahrer auf der linken äußeren Spur und wird mit allen Mitteln versuchen, ganz nach rechts zu wechseln. Sehr wahrscheinlich wird er gestikulieren und auf die Ausfahrt zeigen, um den anderen Fahrern klarzumachen, dass er dort abfahren muss.

1. Helfen Sie ihm, aber vergewissern Sie sich zuerst, dass Sie dabei weder sich noch andere Autofahrer gefährden. Werfen Sie einen Blick in den Rückspiegel, um zu sehen, ob jemand dicht hinter Ihnen fährt.
2. Wenn nicht, fahren Sie langsamer und winken Sie ihn in Ihre Spur.
3. Sobald er Ihre Spur wieder verlassen hat, fahren Sie in normalem Tempo weiter.

MERKMALE EINES STRASSENKRIEGERS

Der aggressive Fahrer ist kein bestimmter Typ. Er kann jung oder alt sein, männlich oder weiblich (obwohl Übergriffe in den meisten Fällen von männlichen Fahrern ausgehen), hispanisch, schwarz, asiatisch oder weiß. Viele von ihnen sind erfolgreiche Männer und Frauen, die keine kriminelle Vergangenheit mit Verbrechen wie Gewalt, Alkohol- oder Drogenmissbrauch haben. Selbst Jack Nicholson – ein Oscarpreisträger! – stieg einmal in dem Glauben, dass ein anderer Fahrer ihn geschnitten hätte, an einer roten Ampel aus seinem Auto und ging mit einem Golfschläger auf die Windschutzscheibe und das Dach des fremden Wagens los. (Für die am häufigsten verwendeten Straßenwaffen siehe Seite 55).

Es ist also so gut wie unmöglich, einen potenziellen aggressiven Fahrer im Voraus zu erkennen – man kann aber nach typischen Anzeichen von Stress Ausschau halten. Sitzt der Fahrer beispielsweise in einem Auto voller schreiender Kinder? Trägt er einen Anzug, der darauf hindeutet, dass er irgendeinen frustrierenden Job als Angestellter oder auf der mittleren Führungsebene hat? Achten Sie auf den Gesichtsausdruck! Sieht er aus, als würde er mit den Zähnen knirschen oder seine Augenbrauen zusammenziehen? Gibt es Anzeichen dafür, dass er vor sich hin flucht? Lassen sich obszöne Gesten erkennen? Wenn ja, meiden Sie Blickkontakt und halten Sie sich an die Verkehrsregeln.

Was Sie über Straßenkoller wissen sollten

Wie Studien zur Verkehrssicherheit besagen, wirken sich Straßenkoller in den häufigsten Fällen folgendermaßen aus:

- Aggressives Auffahren
- Lichthupe
- Obszöne Gesten
- Absichtliches Blockieren anderer Fahrzeuge
- Schimpfen und Fluchen

Die Waffen aggressiver Autofahrer

Wenn ein Straßenkoller seinen Höhepunkt erreicht, kommt häufig Gewalt ins Spiel. Es folgt eine Liste von Waffen, mit denen Sie beziehungsweise Ihr Auto rechnen müssen, sollten Sie es mit einem aggressiven Fahrer zu tun bekommen:

1. Füße und Fäuste
2. Reifenheber und Wagenheber
3. Baseballschläger
4. Messer, inklusive Bajonette, Eispickel, Rasierklingen und Schwerter
5. Wurfgeschosse in Form von Bierflaschen und Essensresten
6. Golfschläger, Bleirohre, Brecheisen, Stöcke und Beile
7. Pfefferspray

Da Straßenkoller in den meisten Fällen von großem Stress herrührt, denken Sie über mögliche Maßnahmen nach, um zu vermeiden, dass Sie selbst die Kontrolle verlieren. Hier sind einige Beispiele:

1. Stellen Sie Ihren Zeitplan so auf, dass Sie die schlimmsten Verkehrsstaus umgehen – auch wenn das heißt, dass Sie früher aus dem Haus oder abends eine Stunde länger wegbleiben müssen, damit Sie nicht zu den Stoßzeiten auf der Straße sind.
2. Verbessern Sie den Komfort in Ihrem Auto. Sorgen Sie dafür, dass Klimaanlage und Heizung funktionieren. Nehmen Sie CDs und MP3-Playlisten mit entspannter Musik mit auf die Fahrt. Sorgen Sie dafür, dass Ihre Windschutzscheibe sauber und durchsichtig ist.
3. Hören Sie sich keine Radiosendungen an, in denen nur geredet wird und die Sie in Rage bringen.

4. Eignen Sie sich ein paar Entspannungsübungen an, die Sie in stressigen Situationen wie dichtem Verkehr ausführen können. Dazu gehören: tief durchatmen, den Griff um das Lenkrad lockern, Arme und Beine dehnen und bewusst den Kiefer entspannen.
5. Setzen Sie sich möglichst nicht ans Steuer, wenn Sie schlecht gelaunt sind.
6. Bereiten Sie sich auf Ihre Fahrt vor – sehen Sie sich vorher die Route an, planen Sie, wie lange Sie brauchen werden, und nehmen Sie eine Straßenkarte und Ihr Handy mit, falls Sie jemanden anrufen und nach dem Weg fragen müssen.

ETIKETTE-TIPP: *Bei einer Konfrontation mit einem aufgebrachten Verkehrsteilnehmer empfehlen wir, von dem Ein-Finger-Gruß abzusehen. Ein bisschen Wut ist zwar gesund, doch diese Geste kann leicht eine gewalttätige Reaktion Ihres Gegenübers provozieren. Zurückhaltung sollte an der Tagesordnung sein.*

Vergeltung

Manchmal ist Zurückhaltung jedoch nicht annähernd so süß wie Rache. Auch Sie dürfen sich erlauben, Ihren persönlichen Straßenkoller auszuleben, solange Sie dabei nicht gegen das Gesetz verstoßen. Jemand hat ein Problem damit, dass Sie sich an die Geschwindigkeitsbegrenzung halten? Aber kein Problem damit, Ihr Leben und das anderer zu riskieren, indem er unvermittelt die Spur wechselt und Sie schneidet? Das Spiel können Sie auch spielen.

1. Scheren Sie aus Ihrer Spur aus, geben Sie Gas und schwenken Sie vor dem aggressiven Fahrer wieder ein.
2. Verlangsamen Sie anschließend Ihr Tempo, bis Sie wieder die vorgeschriebene Geschwindigkeit erreicht haben.
3. Wenn der andere Anzeichen von Wut erkennen lässt – hupt, schreit oder rot anläuft (das können Sie im Rückspiegel überprüfen) –, behalten Sie Ihr nervtötend gleichmäßiges Tempo bei. Ach, ist das ein gutes Gefühl!

Provokative Aufkleber

Sie haben jedes Recht, bestimmte Bereiche Ihrer wie auch immer gearteten Weltsicht der Öffentlichkeit mitzuteilen. Bereiten Sie sich aber auf die Konsequenzen vor, wenn Sie mit provokativen Aufklebern wie anstößigen Flaggen, Statements für oder gegen Abtreibung oder Sprüchen wie »Ich mag meine Frauen barfuß und schwanger« durch die Gegend fahren. Auch wenn Sie sie lustig finden mögen – andere fassen sie eventuell als Beleidigung auf.

KONKURRIERENDES PARKEN

Wenn Sie ein Auto besitzen und in einer dichter besiedelten Gegend als, sagen wir, Pampa-Ost wohnen, werden grundlegende Fähigkeiten beim Einparken von Nutzen sein. Und selbst wenn Sie in Pampa-Ost leben, kann es gut sein, dass Sie mit dem Auto zum nächsten Einkaufszentrum fahren müssen – so wie die Bewohner der anderen fünf Orte in der Umgebung auch – und das bedeutet, mit ihnen um die Parkplätze zu kämpfen. Doch indem Sie die Grundregeln manierlichen Einparkens beachten, können Sie unangenehme Konfrontationen vermeiden.

1. Blinken Sie, bevor Sie aus dem fließenden Verkehr heraus in eine Parklücke fahren. Sie können entweder vorwärts oder rückwärts einparken, wobei Fahrlehrer empfehlen, rückwärts einzuparken.
2. Suchen Sie sich einen ausgewiesenen Parkplatz, der für Ihr Fahrzeug lang und breit genug ist. Vergewissern Sie sich, dass die anderen Autofahrer Sie gesehen haben und Ihnen ausweichen können. Behindern Sie nicht den Verkehr.
3. Wenn Sie parallel einparken, schauen Sie in beide Richtungen nach hinten, um sicherzugehen, dass keine Fußgänger im Weg sind.
4. Fahren Sie beim parallelen Einparken nicht auf das Auto vor oder hinter Ihnen auf. Dazu sind Stoßstangen nicht gedacht.
5. Beanspruchen Sie nie mehr als eine Lücke für sich. Falls die Parkplätze nicht markiert sind, lassen

Sie einen Abstand von dreißig Zentimetern zum Wagen vor Ihnen beziehungsweise links und rechts von Ihnen. Bei parallelem Parken müssen Sie so viel Platz lassen, dass die Leute hinter oder vor Ihnen ausparken können. Seien Sie beim Aussteigen vorsichtig, um die Autos neben Ihnen nicht mit der Tür zu beschädigen.

6. Parken Sie niemals auf einem Behindertenparkplatz, es sei denn, Sie haben eine offizielle Genehmigung.

Aber was, wenn ein anderer Fahrer sich nicht an die Regeln hält und Sie sich – zu Recht – darüber aufregen? Nehmen wir an, Sie befinden sich auf dem Parkplatz eines Einkaufszentrums und suchen nach einer Parklücke. Sie sehen die Rücklichter eines parkenden Autos aufleuchten, ein Zeichen dafür, dass es gleich rückwärts aus der Parklücke rausfahren wird. Sie halten an und betätigen Ihren Blinker. Von der anderen Seite fährt ein weiteres Auto heran, ein Geländewagen, dessen Fahrer tatsächlich die Dreistigkeit besitzt, *seinen* Blinker auch noch anzuwerfen. Dabei waren Sie zuerst da!

Nie im Leben, das kann er vergessen! Das ist Ihre Lücke, die gehört Ihnen. Sie werden einparken und danach einkaufen gehen – das ist Ihr gottgegebenes Recht.

1. Gehen Sie zunächst davon aus, dass der andere Fahrer einfach nur ahnungslos und nicht wahnsinnig ist (wie man Straßenkrieger erkennt, siehe auf Seite 54). Nehmen Sie Blickkontakt mit ihm auf. Der Fahrer des anderen Wagens wird wahrscheinlich ein ganzes Stück höher sitzen als Sie (als bräuchte er wirklich so einen riesigen Geländewagen!).
2. Nachdem der Kontakt hergestellt ist, beginnen Sie zu gestikulieren. Zeigen Sie auf die Parklücke, aus der das Auto gerade rausfährt, und dann auf sich selbst, wie um zu sagen: »Die Lücke hier ist meine!« Nicken Sie dabei die ganze Zeit, um Ihre Absicht zu bekräftigen.
3. Fahren Sie ein kleines Stück auf die Parklücke zu. Nur so weit, dass der andere weiß, dass Sie standhaft sind – um dem ausparkenden Auto genügend Platz zum Manövrieren zu lassen.
4. Wenn der Geländewagen noch immer dort steht, beginnen Sie erneut zu gestikulieren. Schütteln Sie den Kopf, als wollten Sie sagen: »Ich weiche nicht von der Stelle.« Zeigen Sie noch einmal auf die Lücke und scheuchen Sie das andere Auto mit einer winkenden Handbewegung davon.

2. KAPITEL

IM BÜRO

Es ist ein ziemlich trauriger Zustand, wenn der Gedanke an einen weiteren Tag im Büro genügt, dass man sich am liebsten vor die nächste U-Bahn werfen würde. Es liegt nicht nur am langweiligen Arbeitstrott und der seltsamen Büroordnung, es sind die Kleinigkeiten – die Tatsache, dass man mit etlichen anderen zusammen in einem riesigen Büro sitzen und immer und immer wieder die aufgekratzte Telefonbegrüßung seines Nachbarn mit anhören muss … Selbst abends im Bett kann man sie noch hören. Zudem sind da der ständig defekte Kopierer, der Drucker, der immer neuen Toner braucht, und die Gemeinschaftsküche, die nach ranziger Milch riecht. Wenn jeder ein bisschen mehr auf diese »Kleinigkeiten« achten würde, wäre der Arbeitsplatz ein besserer Ort und es fiele uns viel leichter, das gestrichene Urlaubsgeld und die Beförderungs- oder Lohnstopps zu verkraften.

ETIKETTE AM KOPIERER

Was erwartet man von einem Bürogerät? Dass es durchgehend und ohne Macken funktioniert. Es gibt natürlich Geräte, die aussetzen, weil sie zu alt sind oder Teile fehlen, doch in den meisten Fällen liegt das Problem bei den Menschen, die sie bedienen. Wir dürfen nicht vergessen, dass der Kopierer mit einem feinen Mechanismus ausgestattet ist, der dem durchschnittlichen Angestellten bei guter Fütterung und Pflege an jedem Arbeitstag unbegrenzte Produktivität und Hunderte von makellosen Kopien zurückgibt – ordentlich gestapelt und sogar zusammengeheftet.

Doch der Kopierer kann nur so effizient sein wie die Menschen, die ihn bedienen. In einem großen Büro müssen die Angestellten kooperieren, damit er stets gut versorgt ist. Am besten, man beginnt damit, die Kopier-Etikette zu beachten.

1. Verlassen Sie den Kopierer niemals, ohne auf das blinkende Signal zu reagieren, welches meistens bedeutet, dass es einen Papierstau gibt, das Papier falsch eingelegt ist oder der Kopierer neuen Toner braucht.
2. Wenn Sie das Problem nicht selbst lösen können, verständigen Sie Ihren Büroleiter oder einen Servicemitarbeiter.
3. Gehen Sie niemals weg, ohne Papier aufzufüllen, wenn der Kopierer leer ist.
4. Falls Sie farbiges Papier, Firmenbriefpapier oder anderes außer weißem Papier verwenden, entfernen Sie es nach dem Kopieren, sodass andere nicht versehentlich darauf drucken.
5. Wenn Ihnen das Kopiergerät auf die Nerven geht, sehen Sie davon ab, dagegenzutreten, ihm Schläge zu verpassen oder sonstwie gewaltsam darauf einzuwirken.
6. Essen und trinken Sie nicht am Kopierer.
7. Tapsen Sie nicht mit Ihren fettigen Fingern auf der Kopierfläche herum.

8. Egal, wie sehr Sie über diese Filmszene gelacht haben, kopieren Sie weder Ihre eigenen noch Körperteile von irgendjemand anderem.
9. Entfernen Sie Heftklammern, Post-its und Büroklammern von allen Dokumenten, bevor Sie sie kopieren.
10. Kleine Kopieraufträge haben Vorrang vor großen. Wenn Sie gerade fünf Kopien von einem 250 Seiten starken Bericht machen, sollten Sie den Vorgang unterbrechen und den Kollegen vorlassen, der nur eine Seite kopieren will.

Höfliches Kopieren in der Praxis

Ihre Chefin hat Sie schon wieder mit einer nervtötenden Kopieraufgabe beauftragt: Sie sollen für deren Spesenabrechnung sämtliche Belege ihrer letzten Geschäftsreise durch Europa nach Essen, Unterhaltung und Transport sortieren und sie thematisch geordnet kopieren – jeweils in dreifacher Ausfertigung.

Sie haben ungefähr 37 Belege, stehen bereits am Kopierer und arrangieren die kleinen Zettel, als ein Kollege dazukommt.

Vorsichtig tritt er an den Kopierer heran, in der Hand ein einziges Blatt Papier. Ihn vorzulassen würde bedeuten, mit Ihren Belegen wieder ganz von vorn anzufangen. Wie verhalten Sie sich richtig?

1. Fragen Sie ihn, wie viele Kopien er machen muss.
2. Wenn es weniger als zehn sind, unterbrechen Sie netterweise Ihre Arbeit und lassen Sie ihn vor.
3. Nehmen Sie alle Ihre Papiere vom Kopierer, treten Sie beiseite und sagen Sie mit einem Nicken in Richtung Kopierer: »Gehen Sie ruhig vor. Bei mir dauert es noch ewig.«
4. Sobald er fertig kopiert und sich bei Ihnen bedankt hat, machen Sie mit Ihren Kopien weiter.

Es gibt Kollegen, die ein Vergnügen daran haben, andere Leute mit kleinen Kopieraufträgen warten zu lassen.

Es gibt aber natürlich auch fiese Kollegen, die ein sadistisches Vergnügen daran haben, andere Leute mit kleinen Kopieraufträgen warten … und warten … und warten zu lassen. Wie gehen Sie mit so einer Situation am besten um?

1. Sprechen Sie ihn an: »Entschuldigen Sie. Würden Sie mich netterweise kurz vorlassen? Ich muss nur diese vier Sachen kopieren.«
2. Wenn er ablehnt und als Argument anbringt, er könne den Kopiervorgang nicht unterbrechen oder er sei zuerst da gewesen, fragen Sie ihn, wie lange er noch braucht.
3. Falls er einfach nicht weiß, was sich gehört, appellieren Sie an seinen logischen Verstand. Rechnen Sie ihm vor, wie viele Kopien er noch machen muss und wie viele Sie brauchen.
4. Weisen Sie ihn darauf hin, dass das Meeting in fünf Minuten beginnt und er schon seit mindestens fünf Minuten dort sein müsste.
5. Wenn er sich dann immer noch nicht vom Fleck rührt, speichern Sie diese unangenehme Episode in Ihrem Gedächtnis ab und praktizieren Sie ein bisschen harmloses »Voodoo« (siehe Seite 81), sobald Sie an Ihren Platz zurückgekehrt sind.

Wie Sie den Bürosaboteur outen

Wer sind diese Bürosaboteure, die nie Papier im Faxgerät nachlegen, wenn sie das letzte Blatt verwendet haben, oder einfach weglaufen, nachdem sie es kaputt gemacht haben. Wenn ihn nicht gerade die Blätter verraten, die der Nächste herauszieht, ist es so gut wie unmöglich, ihn zu entlarven. Sie werden vielleicht ein wenig Bürospionage betreiben und die Mitarbeiter, die in der Nähe des Faxgerätes sitzen, mit einbeziehen müssen, um ihn auf frischer Tat zu ertappen. Wenn Sie dem Übeltäter auf die Schliche gekommen sind, lassen Sie es alle anderen wissen, damit er in Zukunft bei Happyhour-Drinks geschnitten und auf dem Gang verspottet wird.

Eine altbewährte und kaum zeitaufwendige Maßnahme ist das Anbringen eines Mahnschilds am Kopiergerät. Es ist zwar mehr eine Geste als eine tatsächliche Lösung, doch als Mahnung funktioniert es allemal:

1. Entwerfen Sie das Schild an Ihrem Computer. So wirkt es offizieller und wird eher ernst genommen, als wenn es handgeschrieben wäre.
2. Gestalten Sie den Text ein wenig lustig. Merken Sie an, dass es extrem nervig ist, wenn das Papier im Faxgerät ausgeht oder sich staut, bitten Sie aber auch darum, dass derjenige, dem das passiert, die Sache in Ordnung bringt. Sie können es zum Beispiel so formulieren: »An alle: Wahrscheinlich haben Sie einen richtig schlechten Tag und das Letzte, wozu Sie Lust haben, ist, diesen verdammten Papierstau in Ordnung zu bringen oder Papier nachzufüllen. Aber tun Sie es einfach!«

3. Unterzeichnen Sie mit »Die Geschäftsführung«, um ein wenig den Verdacht zu erwecken, Big Brother würde tatsächlich überall aufpassen.
4. Drucken Sie das Schild aus und hängen Sie es gut sichtbar über dem Gerät auf.

DIE GEMEINSCHAFTSKÜCHE

Aus dem Kühlschrank weht Ihnen der Gestank von altem Käse entgegen, im Spülbecken stapeln sich die Kaffeetassen und das schmutzige Geschirr, die Theke ist übersät mit uralten Flecken und Krümeln. All das sind Anzeichen dafür, dass Ihre Bürokollegen Schweine sind. Doch es muss nicht so sein. Die beste Methode, um sicherzugehen, dass aus der Gemeinschaftsküche keine Zufluchtsstätte für Mäuse wird, besteht darin, mit gutem Beispiel voranzugehen. (Und falls das nicht funktioniert, wenden Sie sich an die Geschäftsführung. Die Vorstellung einer Ausbreitung von Hantaviren im Büro missfällt jedem Chef.)

1. Wenn Sie die Sauerei gemacht haben, machen Sie sie weg.
2. Stellen Sie nicht einfach Ihre Plastik-Essensbehälter zum Einweichen ins Spülbecken – es kann leicht passieren, dass Sie sie vergessen. Spülen Sie sie gleich.
3. Wenn Sie sich Essen auf der Theke zubereiten, wischen Sie diese danach ab.

4. Lassen Sie Ihre Lebensmittel niemals länger als eine Woche im Kühlschrank.
5. Wenn Sie die letzte Tasse Kaffee nehmen, schalten Sie die Kaffeemaschine ab und spülen Sie die Kanne aus; wenn Sie sich den letzten Donut nehmen, werfen Sie die Schachtel weg.
6. Falls bei Ihnen viele Abteilungsmeetings oder Mini-Büropartys veranstaltet werden, bei denen Essen gereicht wird, wechseln Sie sich mit dem Aufräumen ab, sodass die Arbeit gerecht verteilt ist.
7. Nehmen Sie sich niemals Essen oder Getränke von anderen aus dem Kühlschrank oder den Vorratsschränken, ohne vorher zu fragen.
8. Bewahren Sie in der Gemeinschaftsküche nur Essbares auf, keine wissenschaftlichen Experimente oder Stuhlproben von Ihrem Haustier.

Maßnahmen gegen den wuchernden Gemeinschaftskühlschrank

Die Reinigung des Gemeinschaftskühlschranks ist vielleicht der selbstloseste Dienst, den ein Büroangestellter seinen Kollegen erweisen kann. Sei es Ihr schlechtes Gewissen, das Sie dazu motiviert, weil Sie wissen, dass Sie für einige der Quellen des Gestanks verantwortlich sind; sei es, weil Sie ein Heiliger oder eine Heilige sind – wie auch immer, gehen Sie so vor:

1. Besorgen Sie sich Gummihandschuhe und irgendetwas als Gesichtsmaske, damit Sie beim Öffnen des Kühlschranks nicht ohnmächtig werden.
2. Stellen Sie Ihre Reinigungsprodukte in greifbarer Nähe um sich herum auf – Reinigungsmittel, Desinfektionsmittel und jede Menge Schwämme.
3. Ziehen Sie die Handschuhe an, setzen Sie Ihre Maske auf, beginnen Sie, den Kühlschrank auszuräumen, und schmeißen Sie alles in den Mülleimer. Auch noch nicht verdorbene Lebensmittel sind aufgrund der Lagerung neben den überreifen Produkten verseucht.
4. Wenn die Fächer leer sind, sprühen Sie jede Menge Desinfektionsmittel hinein und wischen Sie sie mit einem Schwamm aus.
5. Wiederholen Sie Schritt vier mehrere Male, um den Restgestank vollkommen zu beseitigen.
6. Verteilen Sie anschließend großzügig Reinigungsmittel auf den Flächen, um sie gründlich zu desinfizieren.
7. Wischen Sie den Kühlschrank mit einem nassen Schwamm sauber.

BÜRO-GESCHENKE

Nachdem die erste E-Mail in die Runde geschickt wurde, ob man sich nicht am Geburtstagsgeschenk, Geburtstagskuchen, an der Baby-Shower-Party, dem Abschiedsgeschenk oder was auch immer für einen Kollegen beteiligen möchte, gibt es einen

Dominoeffekt und die Aufforderungen, sich an solchen Geschenken zu beteiligen, nehmen kein Ende. Allmählich nagt das jedoch am Gehalt – hier ein Euro, da fünf Euro – , sodass man sich irgendwann überlegen muss, ob man etwas spenden möchte. Wie gut kennen Sie die betreffende Person überhaupt und wie sehr mögen Sie sie eigentlich? Würden Sie ihr selbst ein Geschenk besorgen, wenn die Situation es erforderte? Wahrscheinlich nicht. (Wie viele Leute gibt es überhaupt in Ihrem Büro, die Sie *mögen*?)

Hier sind ein paar Richtlinien fürs Schenken im Büro:

1. Alle Anfragen sollten eine empfohlene Summe (von ein bis zehn Euro) sowie einen Hinweis enthalten, dass die Beteiligung optional ist.
2. Wer das Geld einsammelt, sollte dazu nicht von Büro zu Büro gehen und die Leute am Arbeitsplatz darauf ansprechen. Wer sich am Geschenk beteiligen möchte, sollte das aus freien Stücken tun und nicht unter Druck gesetzt werden.
3. Es sollte niemals verraten werden, wer wie viel beigesteuert hat.
4. Wenn Sie zusammen mit dem Empfänger des Geschenks in einer Abteilung arbeiten, ist eine Beteiligung angebracht.
5. Wenn Sie eine niedrige Position haben, sollte nicht von Ihnen erwartet werden, dass Sie das Maximum der vorgeschlagenen Summe beitragen.

6. Ob Sie sich an Geschenken für Mitarbeiter aus anderen Abteilungen beteiligen, sollten Sie von Fall zu Fall entscheiden, je nachdem, wie eng Sie mit ihnen zusammenarbeiten.
7. Praktikanten müssen nichts beisteuern.
8. Jeder sollte zur Feier im Büro eingeladen werden – unabhängig davon, ob er etwas dazugegeben hat oder nicht.

Wenn Sie sich nicht am Gruppengeschenk beteiligen wollen, dann tun Sie es einfach nicht. Falls derjenige, der das Geld einsammelt, nachfragt, zucken Sie die Achseln und antworten Sie vage, dass Sie diesen Monat etwas knapp bei Kasse seien oder Ähnliches. Sie müssen sich absolut nicht rechtfertigen. In der Rundmail hätte darauf hingewiesen werden sollen, dass eine Beteiligung optional ist (siehe Regel Nummer eins), damit diejenigen, die nichts dazugeben, kein schlechtes Gewissen haben müssen.

PLÄUSCHCHEN UNTER KOLLEGEN

Hoffentlich haben Sie an Ihrem Arbeitsplatz Kollegen, die Sie mögen und respektieren – mit ihnen können Sie bei Meetings scherzen und über die Schlagzeilen des Tages oder die Fernsehsendungen vom Vorabend reden.

Doch der Grat zwischen gemütlichem Plaudern unter Kollegen und Belästigung ist schmal und eine Regel, die verbietet, die Grenze zu übertreten, gibt

es nicht. Es ist wichtig zu verstehen, wann es Zeit ist, das Gespräch zu beenden und den Kollegen weiterarbeiten zu lassen.
Es ist okay zu plaudern, wenn:

1. Ihr Kollege an dem, was Sie ihm erzählen, sehr interessiert wirkt;
2. Sie vor einem Meeting ein paar freie Minuten haben und auch nur genau so lange bleiben;
3. Ihr Kollege Sie zu sich ins Büro holt, weil er mit Ihnen plaudern will;
4. Ihr Kollege Ihnen von seinen Erfahrungen erzählt und Sie nach den Ihren fragt;
5. es sich um einen Freitagnachmittag im Sommer handelt (da wird ohnehin nichts erledigt).

Die sechs wichtigsten Anzeichen dafür, dass Plaudern nicht angebracht ist:

1. Die Körpersprache Ihres Kollegen sendet eine eindeutige Botschaft aus (er wendet den Blick ab, wendet sich wieder seinem Monitor zu oder durchsucht seine Schubladen).
2. Auf dem Gästestuhl im Büro Ihres Kollegen stapeln sich Papiere und er macht keine Anstalten, ihn freizuräumen, als Sie das Büro betreten.
3. Ihr Kollege isst gerade.
4. Ihr Kollege sieht mitgenommen aus.
5. Die Tür zum Büro Ihres Kollegen ist geschlossen.
6. Der Kopf Ihres Kollegen liegt auf dem Schreibtisch.

Wie Sie mit plauderfreudigen Kollegen umgehen

»Na, was gibt's Neues?«, »Wissen Sie schon das Neueste?«, »Wie geht's?« Ganz egal, wie es beginnt – Sie wissen, wie es enden wird.

Dieser Kollege, der für jeden im Büro einen Spitznamen hat, wird in der Tür stehen bleiben und Ihnen alles Mögliche erzählen, nur nichts, was Sie interessiert – Bürotratsch, seine Wochenend-Erlebnisse und so weiter.

Sie hingegen versuchen, ihm auf subtile Art und Weise beizubringen, dass Sie jede Menge Arbeit auf dem Schreibtisch haben. Aus dieser Situation gibt es zwei Auswege:

***Ausweg A:** Verlassen Sie Ihr Büro.*

1. Stehen Sie auf und verlassen Sie Ihr Büro, um sich Kaffee oder Wasser zu holen oder auf die Toilette zu gehen. Möglicherweise wird er Sie begleiten, vielleicht sogar auf dem Weg zur Toilette weiterreden, oder ihm wird einfallen, dass er auch einen Kaffee vertragen könnte.
2. Sobald Sie wieder an Ihrem Büro ankommen, bleiben Sie eine Sekunde stehen und sagen Sie: »Also, Tom, dann bis später.« Damit schließen Sie die Tür hinter sich. Für den Fall, dass Ihr Büro keine Tür hat, werfen Sie ihm zum Abschied einen festen Blick zu, setzen Sie sich an Ihren Schreibtisch, nehmen Sie das Telefon in die Hand und beginnen Sie, eine Nummer einzutippen.

***Ausweg B:** Empfangen Sie eine dringliche E-Mail.*

1. Checken Sie Ihren E-Mail-Posteingang, während er redet.
2. Tun Sie so, als hätten Sie gerade eine sehr wichtige Mail bekommen, auf die Sie sofort reagieren müssen. (Unterstreichen Sie Ihre Worte durch einen »Oh-mein-Gott«-Gesichtsausdruck.)
3. Neugierig, wie er ist, wird Ihr Kollege sicherlich wissen wollen, was los ist. Versprechen Sie ihm, ihn später aufzuklären, und fügen Sie hinzu: »Ich muss das jetzt sofort bearbeiten. Würden Sie bitte die Tür zumachen?«
4. Nehmen Sie das Telefon in die Hand und beginnen Sie, eine Nummer einzutippen.

HÖFLICHKEIT IM GROSSRAUMBÜRO

Die Studie eines Umweltpsychologen von der Cornell University New York aus dem Jahr 2001 belegt, was wir alle längst wissen: Großraumbüros sind nicht für den Menschen gemacht. Der Wissenschaftler unternahm einen Versuch mit vierzig Frauen, die er jeweils auf ein sehr ruhiges und auf ein Großraumbüro mit Nebengeräuschen aufteilte. Die Frauen im lauteren Büro hatten ein viel höheres Stressniveau, sie unternahmen zu vierzig Prozent weniger Versuche, ein unlösbares Puzzle zu lösen, und gestalteten viel seltener ihren Arbeitsplatz.

Damit das Leben für Sie und Ihre Kollegen in diesem großen, türlosen Büro erträglich wird, halten

Sie sich an einige grundlegende Regeln der Großraumbüro-Etikette.

1. Sprechen Sie beim Telefonieren in leisem, ruhigem Tonfall.
2. Vermeiden Sie Lärm. Stellen Sie Handys und Pager auf Vibrationsalarm; schalten Sie alle Sig-

Essen Sie an Ihrem Arbeitsplatz nichts, was stark riecht, wie zum Beispiel stinkenden Käse oder Döner.

naltöne an Ihrem Computer aus; stellen Sie den Klingelton an Ihrem Telefon auf »Aus«, bevor Sie in Urlaub gehen; tragen Sie Kopfhörer, wenn Sie während der Arbeit gern Musik oder Radio hören.

3. Vermeiden Sie es, Geräusche mit Ihrem Stuhl zu machen.
4. Führen Sie private Telefongespräche ganz besonders leise (niemand will wissen, was Sie letzte Nacht getan haben, und wenn doch, wollen Sie sicher nicht, dass derjenige es weiß) und beschränken Sie sie auf fünf Minuten. Besser noch, Sie tätigen den Anruf während der Mittagspause oder kommunizieren per E-Mail.
5. Respektieren Sie den Raum der anderen. Nur weil sie keine Tür haben, heißt das nicht, dass Sie sie jederzeit an ihrem Platz überfallen können. Vergewissern Sie sich, dass Ihr Kollege nicht beschäftigt ist, bevor Sie auf ihn zugehen.
6. Stehen Sie nicht herum und warten, wenn Sie mit einem Kollegen sprechen wollen, der gerade am Telefon ist oder sich mit einem anderen Mitarbeiter unterhält. Versuchen Sie es ein paar Minuten später noch mal.
7. Vermeiden Sie es, starke Gerüche ins Büro zu tragen – beispielsweise intensiv riechendes Parfum oder Rasierwasser –, und vergessen Sie nicht, Deo zu benutzen. Essen Sie an Ihrem Arbeitsplatz nichts, was stark riecht, wie zum Beispiel stinkenden Käse oder Döner.

Wie Sie sich mit dem Nachbarn arrangieren, den Sie am liebsten umbringen möchten.

Nach nur zwei Monaten an Ihrem Arbeitsplatz sind Sie mit sämtlichen Marotten der Person neben Ihnen vertraut. Zwischen Ihnen gibt es – wenn überhaupt – nur eine niedrige Trennwand. Sie wissen inzwischen, dass Ihr Büronachbar einen bayerischen Akzent annimmt, wenn er sich mit jemandem aus diesem Land unterhält, dass er immer die gleichen schlechten Witze wiederholt – »Was sagt der Dalai Lama zum Sandwich-Verkäufer? Einmal eins mit allem, bitte« – und die Muppet-Show-Titelmelodie summt, während er arbeitet. Er hat seinen Computer so programmiert, dass er »Ups« sagt, wann immer er einen Fehler macht. Auch die Angewohnheit, seinen Namen fast schon zu trällern, wenn er sich am Telefon meldet, wird für Sie langsam unerträglich.

***Lösung A:** Bitten Sie den anderen, ruhig zu sein; stecken Sie sich Ohrstöpsel ins Ohr; konzentrieren Sie sich auf weißes Rauschen*

Es ist Ihr gutes Recht, Ihren Nachbarn darum zu bitten, mit dem Summen aufzuhören. Aber bringen Sie es ihm höflich bei. Wenn Sie einigermaßen gut miteinander auskommen – und er Ihnen nicht absichtlich auf die Nerven gehen will –, wird er versuchen, damit aufzuhören. Es kann sein, dass er zu den Leuten zählt, die aus Reflex summen, erinnern

Sie ihn in diesem Fall mit einem kurzen »Sie tun es schon wieder« daran.

Für die Dinge, die Sie nicht einfach so sagen können – zum Beispiel: »Könnten Sie bitte damit aufhören, so ein anstrengender Mensch zu sein?« –, werden Sie einen anderen Ansatz wählen müssen. Bringen Sie Kopfhörer oder ein kleines Radio mit zur Arbeit, das Sie leise laufen lassen können, um ein Geräusch zu hören, das nicht von ihm kommt. Oder benutzen Sie eine Soundmaschine, die weißes Rauschen erzeugt, um sein unablässiges Geplauder zu übertönen.

Lösung B: Voodoo

Wenn die Situation aus dem Ruder läuft und Sie es einfach nicht mehr aushalten, suchen Sie sich am besten ein Ventil, um Ihre Wut zu entladen. Basteln Sie eine Voodoo-Puppe von Ihrem Nachbarn.

1. Formen Sie ein Kreuz aus zwei Zweigen oder Eisstielen und binden Sie diese mit einer Schnur oder einem Faden zusammen.
2. Bekleben Sie das Kreuz mit Watte.
3. Besorgen Sie sich ein Stück Stoff (egal welcher), das groß genug ist, um es rautenförmig über die Puppe zu legen.
4. Wickeln Sie den Stoff mit der einen Hand um die Puppe und binden Sie ihn mit der anderen fest. Um es mehr wie einen Körper aussehen zu

lassen, wickeln Sie die Schnur in X-Form darum herum.

5. Dekorieren Sie die Puppe: Schreiben Sie den Namen Ihres Nachbarn auf den Stoff; heften Sie irgendeinen Gegenstand von seinem Schreibtisch daran, den er nicht vermissen wird; wenn möglich, hängen Sie ein Foto von ihm dran.
6. Bemalen Sie die Puppe mit Symbolen: einem weit geöffneten Mund, der dafür steht, dass er in einer Tour redet; einer Gewitterwolke, die das Unglück symbolisiert, das ihn befallen wird.
7. Sagen Sie laute Flüche auf, während Sie Nadeln in die Puppe stecken.
8. Lassen Sie niemanden wissen, was Sie da tun.

E-MAILEN IM BÜRO

Schade, dass man mit dem Internet kein Handbuch mitgeliefert bekommt oder zumindest einige elementare Dos & Don'ts, die in Sachen E-Mail zu beachten sind (für Tipps zum Mailen in der Freizeit siehe Seite 226). Auch wenn uns E-Mails in mancherlei Hinsicht das Leben erleichtern – man muss nicht so lange auf Antworten warten und kann die manchmal unangenehme Situation einer direkten Begegnung umgehen –, haben sie doch eine beängstigende Tendenz, unser Leben zu übernehmen. Ein Büroangestellter erhält im Schnitt fünfzig E-Mails pro Tag und etwa vierzig Prozent der Mails in seinem Posteingang sind Spam. Denken

Sie mal darüber nach, wie viel Zeit Sie darauf verwenden, Spam-Mails zu löschen und auf die anderen zu antworten. Dann muss man natürlich noch auf die grundlegende »Netikette« achten – darauf, wie man interne Mails verfasst und beantwortet, wann es okay ist, Witze unter der Gürtellinie weiterzuleiten, wann man nicht auf »allen antworten« klicken sollte (Tipp: wenn die Mail Persönliches enthält), und darauf, dass man seine Kollegen nicht vollspammt.

Folgen Sie beim Verfassen interner E-Mails den grundlegenden Regeln:

1. Schreiben Sie eine Anrede – je nachdem, wie Ihr Verhältnis zum Empfänger ist – mit oder ohne »Liebe(r)«. Wenn Sie sich nicht mit Vornamen ansprechen, müssen Sie die korrekte Anrede verwenden (Frau …, Herr …) sowie ihren oder seinen Nachnamen.
2. Korrekte Rechtschreibung, Grammatik und Zeichensetzung sind nicht freigestellt.
3. Verwenden Sie nicht übermäßig viele Ausrufezeichen. Auch wenn es per E-Mail schwierig ist, den Ton zu vermitteln – zu zahlreiche Ausrufezeichen kommen beim Empfänger etwa so an wie häufiges Kichern an unpassenden Stellen.
4. Sehen Sie bei internen E-Mails von Emoticons ab.
5. Schreiben Sie die relevante Information präzise in die Betreffzeile, sodass der Empfänger sie auch Wochen und Monate später leicht wiederfinden kann.

6. Verwenden Sie Ihre professionelle Signatur mit Titel und Kontaktinformationen, lassen Sie das inspirierende Zitat und die langweilige Floskel »Einen schönen Tag noch!« weg.
7. Spammen Sie nicht Ihre Kollegen voll, indem Sie allgemeine Nachrichten ans ganze Büro senden.
8. Denken Sie daran, dass sich E-Mails sehr leicht ohne Ihr Wissen weiterleiten lassen, teilen Sie also keine persönlichen Informationen mit, die andere nicht sehen sollen.

Wenn Sie einen E-Mail-Spruch nicht mehr sehen können

Wenn Sie sich nicht länger zurückhalten können und das lahme Zitat einer E-Mail kommentieren müssen, tun Sie es mit jeder Menge Humor, damit sich die Person nicht allzu sehr angegriffen fühlt.

- Schreiben Sie so etwas wie »Ich möchte eine Beschwerde einreichen – das Zitat inspiriert mich nicht mehr«.
- Nehmen Sie im P.S. direkt Bezug aufs Zitat: »Übrigens habe ich mein Leben nun ausreichend geändert, um aus jeder Minute eines jeden Tages das Beste zu machen – was kann ich als Nächstes tun?«

Nachdem Sie die Person freundlich darauf hingewiesen haben, ihr Zitat zu ändern, werden Sie Gelegenheit haben, sich noch einmal ganz frisch über das neue aufzuregen.

ETIKETTE-TIPP: *Wenn Sie mit einem besonders unsinnigen Zitat konfrontiert werden, versuchen Sie, Ihrerseits mit einem demotivierenden Spruch zu reagieren: Durchforsten Sie Zitatbücher, Bemerkungen von Comedians oder was immer Ihnen an schlauen Sprüchen über den Weg läuft – etwas mit einer schönen pessimistischen Botschaft, die im Grunde besagt, dass das Leben scheiße ist.*

E-Mails weiterleiten

Schlechte Witze darüber, wie sich Männer und Frauen unterscheiden, Listen mit Titeln wie »Du weißt, dass du in den Achtzigern aufgewachsen bist, wenn …«, religiöse Botschaften, Quiz, mit deren Hilfe man herausfinden kann, wie gut man seine Freunde kennt, motivierende Anekdoten – es wird unglaublich viel Mist in der Computer-Welt verbreitet und das meiste davon scheint im eigenen Posteingang zu landen. Am Arbeitsplatz ist es wichtig, sich zweimal zu überlegen, ob man eine Mail weiterleitet oder nicht. Falls man sich dafür entscheidet, sollte man folgende Richtlinien berücksichtigen:

1. Leiten Sie eine Mail nicht gleich an jeden Einzelnen in Ihrem Adressbuch weiter, nur weil Sie sie lustig finden. Überlegen Sie sich vorher, was für eine Art von Humor der Empfänger hat. Und wenn Sie nach fünf Minuten immer noch der Meinung sind, dass er die Mail auch lustig finden wird, dann schicken Sie sie ab, aber entschuldigen Sie sich im Voraus.
2. Beim selektiven Weiterleiten von Mails geht es auch darum, den Müll gleich rauszufiltern: Sehen Sie davon ab, dämliche, zusammengeschusterte Bilder weiterzuleiten, außerdem Pseudo-Petitionen, um die Welt zu verbessern, Kettenbriefe, Aufrufe, das öffentlich-rechtliche Fernsehen zu retten, erfundene »Vermisstes Mädchen«-Mails und so weiter. Denken Sie gründlich darüber nach, bevor Sie Quiz, Petitionen und Spendenaufrufe verschicken.
3. Leiten Sie keine Mails mit riesigen Grafiken weiter. Sie könnten den Computer des Empfängers zum Abstürzen bringen, außerdem dauert es eine halbe Ewigkeit, sie zu öffnen.
4. Leiten Sie keine Mails weiter, die nur an Sie gerichtet sind.
5. Leiten Sie keine religiösen Botschaften an agnostische und atheistische Freunde weiter – Bekehrungsversuche per Mail sind genauso anstrengend wie persönliche.
6. Leiten Sie keine Inhalte weiter, die andere verletzen könnten (senden Sie ein Foto von einem Kätzchen, das in einem Glas gefangen ist, nicht an einen Katzenliebhaber).

Flaming

Als »Flaming« bezeichnet man das Hin- und Herschicken beleidigender Nachrichten im Internet, insbesondere im Chat. Da die E-Mail-Kommunikation ohne Signale und Gestik – die Kennzeichen persönlicher Kommunikation – auskommen muss, können der Ton und die Absicht von einem Kollegen leicht falsch interpretiert werden. In Situationen, in denen Sie sich nicht sicher sind, wie Sie eine Mail interpretieren sollen, fragen Sie den Absender persönlich, um Missverständnissen vorzubeugen. Gehen Sie stets von einer guten Absicht aus und reagieren Sie nicht aggressiv. Lassen Sie sich beim Verfassen der Antwort niemals auf Flaming-Niveau herab und schicken Sie auch selbst keine Nachrichten raus, die aggressiv formuliert sind.

1. Atmen Sie tief durch und zählen Sie bis zehn, bevor Sie auf Mails antworten, die Sie in Rage bringen.
2. Wenn Sie sich sicher sind, dass der Absender versucht, Sie zu provozieren, wird es vielleicht am besten sein, die Flame einfach zu ignorieren.
3. Wenn Sie nicht anders können als zu antworten, vermeiden Sie billige Attacken und eine unprofessionelle Wortwahl. Achten Sie darauf, Ihre Argumente gut zu begründen.
4. Falls die andere Person Sie weiterhin per E-Mail beleidigt, schlagen Sie ein persönliches Treffen vor, um die Sache in einem Gespräch zu klären.

E-Mails beantworten

Reagieren Sie auf E-Mails genauso wie auf Anrufe oder Briefe. Die Höflichkeit gebietet, dass Sie antworten. Es wird von Ihnen erwartet und ist im E-Mail-Verkehr notwendig – auch wenn Sie nur ein paar Zeilen zur Empfangsbestätigung schreiben.

1. Beantworten Sie die E-Mail, sobald Sie sie gelesen haben – selbst wenn die Antwort nur darin besteht, dass Sie sich erst in ein oder zwei Tagen dazu äußern können, weil Sie zurzeit sehr viel zu tun haben.
2. Wenn die E-Mail Ihres Korrespondenten bereits vor einer oder zwei Wochen eingegangen ist, entschuldigen Sie sich in Ihrer Antwortmail zunächst dafür, dass Sie nicht früher zurückgeschrieben haben, und legen Sie ihm die Gründe dafür dar.
3. Vergewissern Sie sich, bevor Sie die Antwort abschicken, dass der richtige Empfänger im Adressfeld steht, damit keine vertraulichen Informationen im falschen Posteingang landen. (Achten Sie darauf, dass Sie nicht auf »allen antworten« klicken, wenn Sie es nicht beabsichtigen.)

BÜROTELEFON-ETIKETTE

Das Telefon steht auf der Liste der Kommunikationsmittel noch eine Stufe über der E-Mail – es ist persönlicher und interaktiver, erfordert daher aber auch größere Konzentration (Sie haben keine Zeit, sich Ihre Antworten durch den Kopf gehen zu lassen und sich zu fangen, bevor Sie etwas Unangebrachtes sagen). Telefonate am Arbeitsplatz sollten klar und pointiert sein und sich auf die geschäftlichen Dinge beschränken.

1. Wenn Sie ans Telefon gehen, melden Sie sich mit Ihrem Namen.
2. Wenn Sie einen Anruf tätigen, melden Sie sich mit Ihrem Namen und dem Namen Ihrer Firma.
3. Konzentrieren Sie sich bei Telefongesprächen auf das Wesentliche; Sie können nicht davon ausgehen, dass der Teilnehmer am anderen Ende der Leitung unbegrenzt Zeit hat, um mit Ihnen zu plaudern. Beschränken Sie Smalltalk auf ein Minimum.
4. Überlegen Sie sich von Fall zu Fall, ob ein Telefonat sinnvoll ist. Wenn Sie Ihre Absicht viel effizienter schriftlich darlegen können, dann schreiben Sie lieber eine E-Mail.
5. Wenn Sie auf einen Anrufbeantworter sprechen, reden Sie langsam und deutlich. Vergessen Sie nicht, Ihren Namen, Ihre Nummer sowie Datum und Uhrzeit Ihres Anrufs zu nennen.
6. Reagieren Sie auf alle telefonischen Nachrichten zeitnah, lassen Sie nicht mehr als einen Tag verstreichen.
7. Schalten Sie den Lautsprecher nur ein, wenn es unbedingt nötig ist – weil beispielsweise mehr als eine Person im Raum an dem Gespräch beteiligt

sind. Weisen Sie den anderen Teilnehmer immer darauf hin, wenn Sie im Begriff sind, den Lautsprecher einzuschalten.

8. Bevor Sie in Urlaub fahren, denken Sie daran, die Ansage auf Ihrem Anrufbeantworter zu ändern. Geben Sie an, wie lange Sie nicht im Büro erreichbar sein werden, damit Anrufer sich nicht wundern, weshalb Sie sich nicht zurückmelden.

DIE BÜRO-TOILETTEN

Die Büro-Toilette ist ein Ort, an dem höfliche Rücksichtnahme herrschen sollte. Sich ein Großraumbüro mit etlichen Kollegen teilen zu müssen läuft unserem Bedürfnis nach persönlichem Raum zuwider. Aber seine intimsten körperlichen Bedürfnisse umgeben von – gerade mal – Bekannten verrichten zu müssen, macht die Sache noch schlimmer. Wenn Sie sich auf dieses verminte Terrain begeben, bedenken Sie Folgendes:

1. Blockieren Sie die Toilette niemals länger als zehn Minuten, es sei denn, es handelt sich um einen dringenden Notfall. (Lesen Sie Ihre Zeitschriften woanders.)
2. Wählen Sie stets die freie Kabine, die von den besetzten am weitesten entfernt ist.
3. Füllen Sie das Toilettenpapier auf, wenn nur noch ein paar Blätter vorhanden sind.

4. Fangen Sie kein Gespräch mit einer Kollegin an beziehungsweise führen es fort, nachdem diese ihre Kabine abgeschlossen hat.
5. Sehen Sie davon ab, Obszönitäten oder andere Sprüche über Ihre Kollegen oder Ihren Chef an die Wände der Kabine zu kritzeln.
6. Nehmen Sie kein gemeinschaftliches Lesematerial mit auf die Toilette.
7. Waschen Sie Ihre Hände mit Seife, bevor Sie an Ihren Arbeitsplatz zurückkehren.

BÜRO-SPRECH

Trotz der Verbreitung von E-Mails ist die persönliche Interaktion – ob im Meeting oder im Zweiergespräch – in den meisten Firmen noch immer die bevorzugte Kommunikationsform. Verbale Interaktion kann allerdings auch frustrierend sein, wenn sich Kollegen absichtlich vage oder herablassend ausdrücken oder wenn sie mit Modewörtern um sich werfen, um zu demonstrieren, dass sie »Team-Player« sind, und zu zeigen, wie gut sie sich in ihrem Metier auskennen. (Das kommt vor allem bei Arbeitnehmern vor, die gern alles auf Sport beziehen.) Für die Kommunikation oder Präsentationen in Meetings und anderen Zusammenkünften sollten Sie folgende Regeln beachten:

1. Verwenden Sie Begriffe, die für jeden verständlich sind. Wenn Sie beispielsweise einen Bericht über

einen relativ unbekannten Aspekt Ihrer Arbeit präsentieren, beginnen Sie mit einer kurzen, unkomplizierten Einführung, die auch ein Laie versteht.

2. Wenn Sie nicht gerade im Sportbereich arbeiten, vermeiden Sie Fußball-, Basketball- oder andere Sport-Analogien.
3. Bauen Sie keine Wortneuschöpfungen in Ihre Rede ein: Sprechen Sie nicht von »Synergie«, »Unternehmenshochzeiten« und so weiter.
4. Vermeiden Sie Euphemismen. Wenn es ein schlechtes Jahr war, dann sagen Sie es auch. Sprechen Sie nicht von »Umstrukturierung«, wenn Sie von einer Reduzierung der Arbeitsplätze reden; sagen Sie nicht »über den Tellerrand schauen«, wenn Sie Kreativität meinen.
5. Bauen Sie keinen coolen Slang ein, um zu beweisen, dass Sie auf dem Laufenden sind.

3. KAPITEL

DAS LEBEN IN DER GROSSSTADT

Wenn so viele Menschen auf so engem Raum zusammenleben, ist es unvermeidlich, irgendwann einmal Zeuge oder Opfer eines Vergehens zu werden. Sie müssen belebte Straßenecken passieren und mit den gefürchteten lahmen Fußgängern zurechtkommen; Rollerblader und Radfahrer werden an Ihnen vorbeirauschen; Sie bekommen es mit lärmenden Hunden und lärmenden Nachbarn zu tun – und das ist erst der Anfang.

So sieht die Realität des Stadtlebens aus und daher ist es wichtig, dass Sie die Grundregeln höflichen Benehmens kennen – sie machen das Leben in der Großstadt viel erträglicher.

AUF DER STRASSE

Die Straßen einer Stadt können eine Reihe von Verstößen gegen die Etikette sowie schlechte Manieren im Allgemeinen bezeugen. Wenn Sie sich in die Stadt vorwagen, müssen Sie auf alles vorbereitet sein.

VERHALTEN ALS ZEUGE EINES VERBRECHENS

Das Risiko, Zeuge eines Verbrechens zu werden, bringt das Leben in der Großstadt leider mit sich. In Städten kommen Verbrechen tendenziell häufiger vor als auf dem Land und es kann durchaus passieren, dass Sie eines Tages eines miterleben. Vielleicht laufen Sie gerade nach einem gemütlichen Abend in der Bar mit einer Freundin nach Hause und werden Zeuge, wie eine Frau ausgeraubt wird. Oder wie ein Mann auf der Straße uriniert. Oder Sie sehen einen Exhibitionisten. Was tun?

Wenn es sich um einen Raubüberfall handelt: Bringen Sie sich in Sicherheit

1. Wenn Sie nicht gerade groß und stark sind und Karate beherrschen, sollten Sie nicht versuchen, einen Straßenräuber oder andere gewalttätige Angreifer zu stellen. Sie können nie wissen, ob er nicht vielleicht eine Pistole oder ein Messer bei sich trägt.
2. Falls es auf einer abgelegenen Straße passiert, auf der außer Ihnen kein Mensch unterwegs ist, begeben Sie sich an den nächsten sicheren Ort, ob in eine Gasse, einen Laden oder einen Hauseingang.
3. Wenn Sie ein Handy bei sich haben, umso besser – dafür ist es nämlich da. Wählen Sie die 110. Wenn nicht, suchen Sie sich eine Telefonzelle oder bitten Sie in einem Laden oder Restaurant darum, das Telefon benutzen zu dürfen.
4. Geschieht der Überfall in einer belebteren Gegend, bringen Sie sich in Sicherheit und machen Sie Lärm: Schreien Sie, erregen Sie Aufsehen, tun Sie,

was immer nötig ist, um die Aufmerksamkeit der Passanten zu erlangen. Diese Taktik verwirrt auch den Angreifer und macht ihm bewusst, dass er beobachtet wird.

5. Sobald der Täter verschwunden ist, gehen Sie auf den Attackierten zu und sehen Sie nach, ob alles in Ordnung ist.
6. Bleiben Sie mit dem Opfer am Tatort, bis die Polizei eintrifft.

Wenn es sich um einen urinierenden Mann oder einen Exhibitionisten handelt, tun Sie nichts

Männer, die in der Öffentlichkeit urinieren, und Exhibitionisten sind nicht so gefährlich wie Straßenräuber. Der urinierende Mann ist möglicherweise irgendwo in einer Scheune groß geworden und hat keine Ahnung von den gängigen, gesellschaftlich akzeptierten Verhaltensweisen, doch es liegt nicht an Ihnen, diesen Fehler zu korrigieren. Sagen Sie nichts und gehen Sie einfach an ihm vorbei. Sollten Sie nämlich seine Aufmerksamkeit auf sich ziehen, wird er sich vielleicht umdrehen, während er noch uriniert und … das Ergebnis könnte unangenehm werden.

Wenn Sie einem Exhibitionisten begegnen, ist es am besten, Sie lassen sich einfach nicht davon beeindrucken. Exhibitionisten wollen ja gerade eine Reaktion herausfordern, und wenn Sie ihm diese versagen, wird er weniger Lustgewinn aus seiner obszönen Tat ziehen. Verständigen Sie aber dennoch die Polizei. Ihre Beschreibung kann dazu beitragen, ihn ausfindig zu machen und zu verhindern, dass er weitere Menschen belästigt.

BEWÄLTIGUNG DES GEHWEGS

Auf den Gehwegen einer Großstadt herrscht ein bestimmter Verkehrsrhythmus und -fluss. Normalerweise wird er von der Ampelschaltung, der Tageszeit (ob Berufsverkehr herrscht oder Nacht ist) und dem Wochentag vorgegeben (am Wochenende trifft man eher auf gemütliche Spaziergänger als während der Woche). Gehwege sind heute nicht mehr einzig die Domäne von Fußgängern. Sie werden Zeuge der unterschiedlichsten Begegnungen: Spaziergänger treffen auf andere Spaziergänger, Fußgänger begegnen Menschen auf Rädern und immer wieder läuft man Passanten über den Weg, die mit ihren Regenschirmen herumfuchteln und keine Skrupel kennen, wenn es darum geht, selbst trocken zu bleiben.

Fußgänger-Verkehr

Auf den Gehwegen gelten grundsätzlich zu jeder Tageszeit dieselben Regeln.

1. Fußgänger sollten sich immer rechts halten, es sei denn, sie überholen.
2. Sie haben jederzeit das Recht, andere Fußgänger zu überholen, vor allem wenn diese zur Kategorie der »langsamen Spaziergänger« zählen (siehe unten).

3. Beim Überholen müssen Sie stets den entgegenkommenden Fußgängern ausweichen (zum Beispiel, indem Sie einen Schritt nach rechts machen).
4. Wenn Sie stehen bleiben, um Ihre Tasche zu durchsuchen oder sich etwas im Schaufenster anzusehen, sollten Sie sich möglichst nah an die Hauswand stellen, damit andere Fußgänger an Ihnen vorbeikommen, ohne ihren Fluss unterbrechen zu müssen.
5. Fußgänger sollten versuchen, die Durchschnittsgeschwindigkeit auf dem jeweiligen Gehweg einzuhalten.
6. Auch Fußgänger müssen alle Verkehrszeichen beachten.
7. Motorisierte Verkehrsteilnehmer sind gesetzlich dazu verpflichtet, am Zebrastreifen für Fußgänger anzuhalten. Dennoch müssen Fußgänger immer mit Fahrern rechnen, die das Gesetz missachten und rücksichtslos weiterfahren.

Wie man mit den langsamen Spaziergängern fertig wird

In der Stadt werden Gruppen langsamer Spaziergänger meistens von Touristen und anderen Auswärtigen gebildet. Diese Fußgänger, die vor allem damit beschäftigt sind, Gebäude zu bewundern, die sie noch nie gesehen haben, und die sich ungefähr in der Geschwindigkeit Ihrer Oma fortbewegen, behindern den Fluss des Alltagsverkehrs auf den

Gehwegen. Für den Fall, dass Sie schnell an ein Ziel kommen müssen, haben sich folgende Taktiken als effektiv erwiesen, besonders wenn man es mit einer großen Gruppe von trödelnden Mitmenschen zu tun hat.

1. Fassen Sie den Entschluss, die Langsamen zu überholen, bevor Sie vor Frust explodieren.
2. Machen Sie sich bemerkbar, indem Sie dicht hinter der Gruppe laufen und sich häufig räuspern.
3. Gehen Sie den Weg des geringsten Widerstands. Konzentrieren Sie sich auf das »schwächste Glied« der schlendernden Gruppe – auf denjenigen, der ein kleines Stück hinter den anderen zurückfällt, wodurch eine Lücke entsteht, in die Sie hineinschlüpfen können.
4. Kündigen Sie Ihr Vorhaben mit einem lauten »Entschuldigen Sie« an und drängen Sie sich in die Lücke.
5. Setzen Sie Ihren Weg fort.

Menschen auf Rädern

Sie biegen um die Ecke, plötzlich rauscht etwas aus der entgegengesetzten Richtung an Ihnen vorbei – ein Fahrradfahrer – und beinahe stoßen Sie zusammen. Kommt Ihnen das bekannt vor? Oder die Rollerblader, die über die Gehwege rasen, bis sie an irgendetwas hängen bleiben, ins Schwanken kommen und mit den Armen rudern, als würden sie gleich auf die Nase fallen? Menschen auf Rädern sind viel schneller unterwegs als Fußgänger. Deshalb kann es zweifellos gefährlich werden, wenn sich Menschen auf Rädern und Fußgänger den Gehweg teilen. Im Grunde ist das Fahrradfahren auf dem Fußweg ab dem elften Lebensjahr verboten, doch nicht jeder hält sich an das Verbot. Außerdem können einem immer Kinder entgegenkommen und vielerorts gibt es gemeinsame Fahrrad- und Gehwege.

Wenn Sie sich – egal auf welcher Sorte von Rädern – auf einen gemeinsamen Rad- und Gehweg wagen, sollten Sie die dort geltenden Regeln beherzigen. Wenn Sie mit gutem Beispiel vorangehen, werden andere Ihnen vielleicht folgen.

1. Machen Sie eine oder zwei Übungsstunden, bevor Sie sich unter die Fußgänger mischen – wenn Sie wissen, was Sie tun, werden Sie nicht so leicht zu einer Plage für andere Verkehrsteilnehmer.
2. Tragen Sie einen Helm.
3. Denken Sie daran, dass Sie sich den Gehweg mit Fußgängern teilen: Machen Sie sich bewusst, in welcher Situation sie sich im Gegensatz zu Ihnen befinden.
4. Vergessen Sie nicht, dass Sie schneller sind als der normale Fußgänger. Das heißt, dass Sie den Schaden verursachen werden, falls es zu einer Kollision kommt.

5. Fahren Sie möglichst gerade und vorhersehbar. So können Ihnen Fußgänger oder andere Menschen auf Rädern entsprechend ausweichen.
6. Überholen Sie immer links.
7. Statten Sie sich oder Ihr Gefährt mit einem subtilen, aber effektiven Krachmacher aus (mit einer normalen Klingel, nicht mit einem Nebelhorn), sodass Sie die Fußgänger warnen können, bevor Sie sie überholen. Alternativ können Sie ihnen auch rechtzeitig vorher Ihre Position ankündigen – »Achtung, links« oder »Achtung, rechts« –, um sie vorzuwarnen.
8. Fahren Sie langsamer, während Sie überholen, sodass Sie jederzeit schnell und sicher anhalten können, falls es nötig ist.
9. Bremsen Sie, bevor Sie um Ecken biegen, und fahren Sie immer einen großen Bogen, damit die entgegenkommenden Passanten Sie rechtzeitig sehen und Ihnen ausweichen können.
10. Beanspruchen Sie so wenig Platz wie möglich – auf Rädern und Rollen sind Sie ohnehin schon größer als der durchschnittliche Fußgänger. Halten Sie ihre Arme und Ellbogen eng am Körper, um möglichst wenig Raum einzunehmen.
11. Nehmen Sie besondere Rücksicht auf ältere Verkehrsteilnehmer, Kinder sowie Erwachsene mit Kindern.

REGENWAHN UND REGENSCHIRM-ETIKETTE

Manche Leute gehen mit Regenschirmen spazieren, unter denen eine fünfköpfige Familie Platz hätte. Wenn man selbst mit seinem bescheidenen Ein-Mann-Schirm versucht, sie zu überholen, spielen sie Regenschirm-Wrestling und zwingen einen, zur Seite zu gehen und sie vorbeizulassen. Andere wiederum schwingen ihre eingerollten Schirme mit sorgloser Leichtigkeit durch die Gegend und bemerken gar nicht, dass sie beim Einsteigen in den Bus anderen Passagieren fast die Augen ausstechen.

Das Phänomen des Regenwahns beschreibt die rasende Wut, die sich breitmacht, wenn Menschen mit ihren Schirmen den persönlichen Raum anderer verletzen - Menschen, die keine Ahnung haben, wie man gleichzeitig diesen persönlichen Raum der anderen achtet und selbst trocken bleibt. Keiner wird auf dem Weg zur Arbeit, nach Hause, zur Bushaltestelle oder zum Auto gern nass. Und es gibt gewisse Regeln, die es jedem erlauben, trocken zu bleiben.

1. Halten Sie den Regenschirm hoch genug, dass Sie nicht nur sehen können, wohin Sie laufen, sondern auch, wer Ihnen entgegenkommt. Auf diese Weise vermeiden Sie Kollisionen.
2. Wenn Sie unter einem Gerüst durchlaufen, klappen Sie Ihren Regenschirm ein. Solche Passagen sind häufig eng, und wenn alle ihre Regenschirme aufgespannt haben, kommen die Fußgänger nicht aneinander vorbei.

3. Wenn Sie auf jemanden zulaufen, der größer ist als Sie, halten Sie Ihren Regenschirm etwas tiefer, damit der entgegenkommende Passant mehr Platz hat, mit seinem hoch gehaltenen Schirm an Ihnen vorbeizulaufen.
4. Wenn Sie größer sind als der andere Passant, halten Sie Ihren Regenschirm ein Stückchen höher, damit er mit seinem Schirm unterhalb von Ihrem vorbeikommt.

Manche Leute gehen mit Regenschirmen spazieren, unter denen eine fünfköpfige Familie Platz hätte.

5. Falls der andere Fußgänger genauso groß ist wie Sie, vermeiden Sie einen Zusammenstoß, indem Sie Blickkontakt aufnehmen und sagen: »Ich weiche nach rechts aus« oder »Ich weiche nach links aus« – was immer am sinnvollsten ist. Wenn dann die andere Person in die entgegengesetzte Richtung ausweicht, können Sie problemlos aneinander vorbeigehen.

ETIKETTE-TIPP: *Wenn Sie öffentliche Verkehrsmittel nutzen:*

- *Schütteln Sie Ihren Regenschirm nicht über anderen Passagieren in der U-Bahn oder im Bus aus.*
- *Wenn Sie Ihren Regenschirm zusammenfalten, gehen Sie sicher, dass die Spitze nicht auf andere Passagiere gerichtet ist.*
- *Legen Sie Ihren nassen Regenschirm auf dem Boden ab, nicht auf einem Sitz, den andere Mitfahrer noch benutzen möchten.*

ETIKETTE AN DER DREHTÜR

Drehtüren sind in städtischen Bürogebäuden sehr verbreitet. Durch sie soll verhindert werden, dass große Mengen klimatisierter beziehungsweise warmer Luft durch ständiges Öffnen und Schließen der Türen entweichen. Sie regulieren außerdem den

Fluss der Menschen, die rein- und rausgehen. Aber Drehtüren haben ihre eigenen Regeln.

1. Es darf jeweils nur eine Person einen Abschnitt der Drehtür betreten.
2. Wenn Sie eine Drehtür benutzen, lehnen Sie sich nicht zu aggressiv dagegen, sonst kann es sein, dass sie für die anderen hinter Ihnen zu schnell ist.
3. Nutzen Sie die dafür vorgesehene Stange, wenn Sie gegen die Tür drücken, und tapsen Sie nicht die Glasscheibe mit Ihren Fingerabdrücken voll.
4. Falls Sie sehen, dass jemand die Drehtür von der anderen Seite betreten möchte, bleiben Sie kurz stehen und lassen Sie ihm den Vortritt.
5. Wenn Sie sich nicht sicher sind, ob Sie es rechtzeitig hineinschaffen, gehen Sie kein Risiko ein – warten Sie geduldig auf den nächsten Abschnitt, er wird ganz sicher kommen.

ETIKETTE-TIPP: *Mit Gepäck oder großen Paketen beladen sollten Sie es lieber vermeiden, Drehtüren zu benutzen. Mit unhandlichen Gegenständen ist es so gut wie unmöglich, die Tür in Bewegung zu setzen – es sei denn natürlich, es handelt sich um eine automatische Drehtür.*

DAS WOHNUNGSLEBEN

Mit ihren dünnen Wänden, der schlechten Belüftung und dem winzigen Wohnraum sind Mietshäuser in der Stadt Brutstätten für schlechte Manieren. Sobald Menschen auf engem Raum zusammenleben, sind zwischenmenschliche Konflikte unvermeidbar.

GUTES BENEHMEN IM ÜBERFÜLLTEN FAHRSTUHL

Der Fahrstuhl im Mietshaus ist ein Ort, an dem unser Bedürfnis nach persönlichem Freiraum mit Sicherheit verletzt wird – er ist ein regelrechter Brutkasten für schlechte Laune. Man steht dort wie in eine Sardinenbüchse gezwängt mit Fremden zusammen, die einem in den Nacken hauchen oder einen anrempeln. Alle blicken starr geradeaus oder auf den Boden und versuchen, so zu tun, als wären sie unsichtbar. Sie halten einfach die Luft an und beißen die Zähne zusammen, bis die kleine Metallbox auf ihrer Etage anhält.

Hier gibt es eine Menge Potenzial für unhöfliches Verhalten: Sie könnten angefasst oder angeniest werden; Sie könnten Ihre Etage verpassen, weil der Fahrstuhl so voll ist, dass Sie den Knopf nicht drücken können; oder Sie sind in eine Ecke gezwängt und schaffen es nicht rechtzeitig hinaus. Das Unbehagen, das sich unter Fahrstuhlnutzern breitmacht, lässt sie ihre Höflichkeit vergessen – es geht ihnen nur darum, rechtzeitig wieder auszusteigen. Auf die anderen, die sie dabei grob behandeln, achten sie nicht.

Doch wenn alle einige grundlegende Regeln der Fahrstuhl-Etikette beachten, wird dieser Ort zu einer freundlicheren Umgebung.

1. Lassen Sie stets zuerst die anderen aussteigen, bevor Sie den Fahrstuhl betreten.
2. Sobald Sie drin sind, drücken Sie zügig auf den Knopf mit Ihrer Etage, gehen Sie so weit nach hinten durch, wie es geht, und bleiben Sie mit dem Gesicht zur Tür stehen.
3. Falls der einzige freie Platz ganz vorn neben den Knöpfen ist, ist es Ihre Pflicht, für andere Benutzer des Fahrstuhls die Knöpfe zu drücken, wenn Sie darum gebeten werden.
4. Wenn Sie jemanden auf den Fahrstuhl zurennen sehen, drücken Sie auf den Knopf zum Öffnen der Tür, damit die Person gefahrlos eintreten kann (es sei denn, der Fahrstuhl ist bereits voll).
5. Wenn Sie ein Niesen, Husten oder Räuspern absolut nicht unterdrücken können, dann bedecken Sie vorsorglich die Körperöffnungen, aus denen Rotz entweichen könnte.
6. Machen Sie Platz für die Personen, die aussteigen wollen, auch wenn das bedeutet, dass Sie selbst ebenfalls aussteigen und dann wieder einsteigen müssen.

Doch was, wenn der Fahrstuhl so überfüllt ist, dass Sie Gefahr laufen, auf Ihrem Stockwerk nicht aussteigen zu können? Ding! Die Tür geht auf und Sie sagen »Entschuldigung«, während Sie sich zur Tür durchzwängen. Doch bevor Sie aussteigen können, tritt eine andere Person ein und stellt sich Ihnen in den Weg.

1. Sagen Sie laut und deutlich »Entschuldigung!« – wenn es sein muss, noch ein zweites Mal –, um dem anderen mitzuteilen, dass Sie aussteigen wollen.
2. Geben Sie ihm in drängelndem, nachdrücklichem Tonfall zu verstehen: »Ich muss auf diesem Stockwerk aussteigen«, sodass jeder im Fahrstuhl Sie hören kann.
3. Falls der Ausgang weiterhin blockiert wird, versuchen Sie es mit Körperkontakt. Berühren Sie die Personen, an denen Sie auf dem Weg zur Tür vorbei müssen, am Ellbogen oder an der Schulter.
4. Wenn sich die Tür schließt, bitten Sie den Fahrgast, der am nächsten bei den Knöpfen steht, die Tür so lange aufzuhalten, bis Sie ausgestiegen sind.

DER UMGANG MIT EXZESSIV LAUTEN NACHBARN

Das Geräusch, das Menschen am häufigsten zusammenzucken lässt, ist Untersuchungen zufolge das von Fingernägeln, die über eine Tafel kratzen. Rang zwei der schauerlichen Geräusche nehmen zwei Stücke Styropor ein, die aneinandergerieben werden. (Das wurde von amerikanischen Wissenschaftlern festgestellt.) Und auch wenn diese beiden Geräusche mit Sicherheit kurzfristig nervtötend sind, ist der unablässig laute Nachbar langfristig doch noch nervenaufreibender, vor allem auf so engem Raum wie in den Mietshäusern einer Großstadt. Ob Ihr Nachbar oder Ihre Nachbarin jeden Abend von 23:15 bis 23:45 Uhr ihre Disco-Compilation aufdreht oder der kläffende kleine Nachbarshund einfach nicht seine Klappe hält – durch solch rücksichtsloses Verhalten werden Sie in Ihrem Frieden gestört.

Wie sorgen Sie dafür, dass Ihnen Ihr Zuhause als Zuflucht erhalten bleibt?

An dieser Stelle ist es sinnvoll, dass wir uns die grundlegenden Regeln des Zusammenlebens in Wohnhäusern ins Gedächtnis rufen.

1. In den meisten Wohnhäusern gibt es Vorschriften, wie lange Mieter laut Musik hören dürfen. Eine sinnvolle Faustregel besagt, dass wochentags nach 22 Uhr und an Wochenenden nach 23 Uhr keine laute Musik mehr gespielt werden darf.
2. Wenn Sie vorhaben, in Ihrer Wohnung Sport zu machen, setzen Sie den Mieter unter Ihnen davon in Kenntnis. Warnen Sie ihn vor, dass Sie gleich in der Wohnung herumspringen werden, und bitten Sie ihn darum, Bescheid zu sagen, falls es zu laut wird.

3. Sollten Sie eine Party geben, gehen Sie ähnlich vor. Schieben Sie Ihren Nachbarn Einladungen durch den Türspalt, um sie wissen zu lassen, dass an dem Abend a) Fremde im Haus ein- und ausgehen und Sie b) mehr Lärm veranstalten werden als gewöhnlich.
4. Wenn Sie ein lautes Haustier besitzen, tun Sie, was immer nötig ist, um es ruhigzustellen (siehe Seite 112).

Auf einen lauten Nachbarn zugehen

Nur weil Sie selbst nach den Grundsätzen einer guten Nachbarschaft leben, heißt das noch nicht, dass Ihre Nachbarn das ebenfalls tun. Wie gehen Sie mit Mietern um, die Sie die ganze Nacht wach halten?

1. Schlürfen Sie in Ihrem Pyjama und mit einem schläfrigen Gesichtsausdruck zur Wohnung Ihres Nachbarn.
2. Sie werden wahrscheinlich zweimal klopfen müssen, da der Lärm aus der Nachbarwohnung ohrenbetäubend ist.
3. Wenn der Nachbar die Tür öffnet, müssen Sie den Krach überschreien: »Können Sie die Musik bitte runterdrehen/Ihren kläffenden Hund ruhigstellen? Ich versuche zu schlafen.«
4. Sollte Ihre Aufforderung keine Wirkung zeigen, informieren Sie am besten Ihren Hausmeister

Mit ihren dünnen Wänden, der schlechten Belüftung und dem winzigen Wohnraum sind Mietshäuser in der Stadt Brutstätten für schlechte Manieren.

oder Vermieter über das rücksichtslose Verhalten Ihres Nachbarn. Möglicherweise ist ein kurzer Anruf einer Autoritätsperson effektiver als Ihre persönliche Bitte.

5. Wenn nichts anderes funktioniert, wenden Sie sich an die Profis: Rufen Sie die Polizei. Nach 23 Uhr ist es Ihr gutes Recht, sich über Lärmbelästigung zu beschweren. Tätigen Sie den Anruf und lauschen Sie anschließend dem süßen Klang der Stille, nachdem die Männer oder Frauen in Uniform bei Ihrem Nachbarn geklopft haben.
6. Wiederholen Sie das Prozedere so oft wie nötig. Der störende Nachbar wird wohl irgendwann auf den Trichter kommen.

WENN MAN IN DER STADTWOHNUNG EINEN HUND HÄLT

Tag und Nacht meldet er sich zu Wort: Wuff! Wuff! Grrrrrr. Wuff! A-huuuuu! Er bellt ständig laut und unterstreicht das manchmal noch mit einem ohrenbetäubenden Jaulen. Der Hund treibt nicht nur Sie in den Wahnsinn, sondern auch die Nachbarskatze, ein sehr zivilisiertes Wesen, das sich mit sich selbst beschäftigt, niemanden belästigt und nun Medikamente gegen Angstzustände benötigt. Was machen Sie nur mit Ihrem lärmenden Köter? Sie haben ohnehin schon ein schlechtes Gewissen, weil Sie ihn in Ihrem Garten – von der Größe einer Briefmarke – halten.

In der Stadt einen Hund zu halten, vor allem einen großen, ist schwierig, da Bello kaum Platz hat, herumzutollen und sich zu strecken. Kein Wunder, dass er nervös wird und die ganze Nacht jault und bellt.

Um Ihrer eigenen geistigen Gesundheit willen – und der Ihres Nachbarn – sollten Sie dafür sorgen, dass Ihr Hund regelmäßig genügend Auslauf bekommt, und außerdem die Regeln für Hundehalter in der Stadt befolgen.

1. Machen Sie immer den Haufen weg.
2. Lassen Sie Ihren Hund sein Geschäft nicht auf anderer Leute Grundstücke erledigen, schon gar nicht, wenn der Eigentümer gerade versucht, sich auf seinem winzigen Stück Grünfläche oder Asphalt zu entspannen.
3. Führen Sie Ihren Hund beim Gassigehen an einer relativ kurzen Leine, damit er anderen nicht den Weg abschneidet oder sie zwingt, einen großen Bogen zu machen.
4. Konsultieren Sie Ihren Tierarzt, wie Sie den Hund dazu veranlassen können, nachts ruhig zu sein – auch wenn das möglicherweise bedeutet, spätabends oder frühmorgens mit ihm spazieren zu gehen oder ihn in einem Zimmer zu halten, wo er niemanden stören kann.
5. Gehen Sie mit Ihrem Hund nicht in die Hundeauslaufzone, wenn er eine übertragbare Krankheit (z.B. Bindehautentzündung) oder Flöhe hat.

6. Fragen Sie Ihren Tierarzt, wann er für andere Hunde nicht mehr ansteckend ist.
7. Wenn Ihr Hund ein Rüde ist, müssen Sie immer ein Auge auf ihn haben und dafür sorgen, dass er keine Hundedamen besteigt oder sie beziehungsweise ihren Besitzer belästigt.

DIE FREMDE PERSON VOR DEM HAUS

Wie handeln Sie, wenn vor der Eingangstür Ihres Hauses eine fremde Person herumlungert? Vielleicht kennt die Person jemanden, der dort wohnt, vielleicht aber auch nicht. Er steht direkt neben den Klingelschildern, als hätte er gerade bei einem Freund geklingelt. Wäre es nicht höflich, ihn einfach ins Haus zu lassen, damit er nicht warten muss?

Nein. Als Mieter ist es Ihre Pflicht (und in Ihrem eigenen Interesse), zur Sicherheit des Gebäudes beizutragen, und das bedeutet, keine Fremden ins Haus zu lassen, wie harmlos sie auch aussehen mögen.

Auch wenn der Fremde vielleicht sanft und zierlich wirkt, kann er trotzdem einen schwarzen Gürtel in Karate haben oder das Wohnhaus für einen geplanten Raub oder andere Untaten ausspionieren.

1. Gehen Sie selbstbewusst auf die Tür zu und bedenken Sie die fremde Person mit einem Lächeln oder einem Nicken.
2. Holen Sie Ihren Schlüssel heraus, pfeifen Sie nonchalant vor sich hin und schließen Sie die Tür auf.

3. Öffnen Sie die Tür nur ein paar Zentimeter beziehungsweise so weit, dass nur Sie hindurchpassen.
4. Ziehen Sie die Tür schnell hinter sich zu und vergewissern Sie sich, dass sie ins Schloss fällt.
5. Wenn die Person Sie seltsam anstarrt, während Sie Ihre Post aus dem Briefkasten nehmen, ignorieren Sie sie einfach und gehen Sie weiter.

ETIKETTE-TIPP: *In einer Situation, in der Sie Selbstvertrauen ausstrahlen müssen, ist die richtige Körpersprache hilfreich. Laufen Sie zügig und aufrecht, drücken Sie die Schultern zurück. Wenn Sie stehen bleiben, um mit jemandem zu reden, stellen Sie sich breitbeinig hin, stemmen Sie die Hände in die Hüften und schauen Sie Ihren Gesprächspartner direkt an. Wenn Sie sitzen, schlagen Sie die Beine übereinander und verschränken Sie Ihre Hände hinter dem Kopf, um Selbstvertrauen und Überlegenheit auszustrahlen.*

ETIKETTE IM WASCHSALON

Im Waschsalon kommt es häufig zu Wortgefechten. Die Leute haben schon beim Eintreten schlechte Laune – niemand geht gern dorthin –, was sie dann an anderen unglückseligen Kunden auslassen, indem sie deren klitschnasse Wäsche aus der Maschine oder die noch feuchte Wäsche aus dem

Trockner nehmen. Dann lassen sie sie in knittrigen Haufen auf der Ablage liegen, die voller Trockner-Fusseln sind. Sie belagern die Waschmaschinen. Und sie kommen so gut wie nie mit den Leuten um sich herum ins Gespräch.

Doch es geht auch anders. Wenn sich alle Nutzer an die Etikette halten würden, wäre die Welt des Selbstbedienungs-Waschsalons ein besserer Ort – zumindest wäre er sauberer und glücklicher.

1. Bleiben Sie immer im Waschsalon, solange Sie Wäsche in den Maschinen haben, damit Sie sie herausholen können, sobald sie fertig ist. Auf diese Weise kann sofort ein anderer Kunde die Maschine benutzen (sonst würde er dasitzen und Ihre nicht mehr rotierende Wäsche hasserfüllt anstarren).
2. Wenn Sie aus irgendeinem Grund nicht vor Ort bleiben können, teilen Sie sich Ihre Zeit so ein, dass Sie wieder im Salon sind, wenn der Waschgang beendet ist.
3. Nehmen Sie nicht die Wäsche eines anderen Kunden aus der Maschine, wenn diese gerade fertig geworden ist.
4. Wenn alle Trockner in Betrieb sind und einer fünf Minuten lang kein Geräusch mehr von sich gibt, dann dürfen Sie die Klappe öffnen und nachsehen, ob die Wäsche trocken ist. Wenn dem so ist, nehmen Sie sie heraus und legen Sie sie auf eine saubere Ablagefläche. Ist sie dagegen noch nass, dann lassen Sie sie im Trockner.

ETIKETTE-TIPP: *In Waschsalons bildet sich vorübergehend so etwas wie eine Gemeinschaft von Fremden, von denen jeder genau weiß, was der andere tut. Sollten Sie in die missliche Lage kommen, dass jemand Ihnen unrecht tut (z.B. Ihre nasse Wäsche aus der Maschine nimmt und sie unvorsichtig irgendwo deponiert), obwohl Sie selbst sich an die Etikette gehalten haben, gilt das ungeschriebene Gesetz, dass der nächste freie Trockner Ihrer ist.*

4. KAPITEL

IN DER FREIZEIT

Es ist kein Wunder, dass die Mitgliederzahlen in Fitnessstudios in die Höhe geschnellt sind und immer mehr Menschen nach neuen Wegen suchen, sich zu entspannen und Stress abzubauen. Der Prozess des Stressabbaus führt allerdings unvermeidbar selbst zu Stress, wo immer Platz eine begrenzte Sache ist: Beim Einkaufen stellt ein unaufmerksamer Kunde seinen Einkaufswagen mitten im Gang ab; ein Kunde im Kaufhaus belagert den Schnäppchenstand; Ihr kostbarer Platz am Strand wird von ungezogenen Kindern in Beschlag genommen; Ihr Fahrrad im Fitnessstudio wurde von einem verschwitzten Workout-Fanatiker vollgetropft und so weiter. Wenn Sie die grundlegenden Regeln der Etikette kennen und wissen, wie Sie mit Schwächen Ihrer Mitmenschen in dieser Hinsicht umgehen, haben Sie alles, was Sie zum Überleben brauchen.

EINKAUFEN

Während Einkaufen – ob im Supermarkt oder im Kaufhaus – für manche eine lästige Angelegenheit ist, bedeutet es für andere ein endloses Vergnügen, auf der Suche nach ihren Lieblingsdingen durch die Gänge des Supermarkts zu laufen oder zu Beginn des Schlussverkaufs in Kaufhäusern mit anderen Schnäppchenjägern Ellbogen an Ellbogen shoppen zu gehen. Ob Einkaufen eine Ihrer Lieblingsbeschäftigungen ist oder für Sie eher ein notwendiges Übel darstellt – es ist gut möglich, dass Sie den einen oder anderen Regelverstoß erleben werden. Angefangen bei dem Kunden, der nicht in der Lage ist, einen Einkaufswagen zu steuern, bis hin zu den lästigen Parfum-Versprühern, die damit einfach nicht aufhören können.

DER »HERRENLOSE« EINKAUFSWAGEN

Glücklicherweise ist der moderne Supermarkt so aufgebaut, dass das Navigieren in den Gängen leicht ist und einer Logik folgt. Mit Ihrem Einkaufswagen fest im Griff kann die Beutejagd beginnen.

Die Regeln für die Gänge im Supermarkt ähneln in etwa denen auf der Straße.

1. Solange der Einkaufswagen in Bewegung ist, lassen Sie stets beide Hände auf dem Griff.
2. Halten Sie sich mittig, während Sie den Wagen schieben.
3. Wenn Sie anhalten, um Waren auszusuchen, parken Sie den Einkaufswagen an der Seite, so nahe an den Regalen wie möglich.
4. Blicken Sie am Ende des Gangs nach allen Seiten, bevor Sie weitergehen.
5. Wenn Sie sich rückwärts bewegen müssen, vergewissern Sie sich, dass hinter Ihnen frei ist, bevor Sie sich in Bewegung setzen.

6. Machen Sie beim Abbiegen mit Ihrem Wagen einen Bogen und sagen Sie wenn nötig »Entschuldigung«, sodass die anderen Kunden um Sie herum Ihre Absichten erkennen.
7. Einkaufswagen, die von rechts in einen Gang einbiegen, haben Vorrang; entgegenkommende Wagen müssen vorgelassen werden.
8. Unbeaufsichtigte Einkaufswagen dürfen beiseitegeschoben werden, wenn sie den Verkehr behindern.

Verzögerungen und Hindernisse sind beim Einkaufen unvermeidlich, selbst an einem ruhigen Tag. Doch solange Sie sich an die Regeln halten, sollten Sie Ihren Einkauf zügig und effizient erledigen können.

Angenommen, Sie haben weiter hinten im Gang ihre Lieblingscracker gesichtet. Sie steuern auf das entsprechende Regal zu, doch auf halbem Weg stoßen Sie auf eine Blockade: Dort stehen zwei Einkaufswagen, die dazugehörigen Kunden befinden sich auf verschiedenen Seiten des Gangs. Der eine Wagen steht dicht an einem der Regale und gehört einem jungen Vater, der versucht, sein strampelndes Kleinkind in den Sitz zu heben. Der andere Wagen – mitten auf dem Gang – sieht aus, als würde er niemandem gehören, er könnte aber auch von einer der beiden Frauen dort abgestellt worden sein, die weiter hinten die Nährwertangaben der Frühstückszerealien studieren.

Da Sie nicht daran vorbeikommen, müssen Sie den unbeaufsichtigten Wagen selbst beiseiteschieben.

1. Parken Sie zunächst Ihren Wagen hinter dem des kämpfenden Vaters.
2. Gehen Sie anschließend zu dem verlassenen Wagen und setzen Sie ihn mit beiden Händen fest am Griff in Bewegung.
3. Schieben Sie ihn mit einer schnellen Bewegung an den Rand des Gangs, sodass sowohl Sie als auch der Mann vor Ihnen genügend Platz haben, um daran vorbeizukommen.
4. Setzen Sie Ihren Weg den Gang entlang fort.

DER SCHWINDLER AN DER SCHNELLKASSE

Gott segne den innovativen Menschen, der eines Tages die Schlangen an den Supermarktkassen begutachtete und daraufhin die Schnellkasse erfand. Die Schnellkasse (deren einzige Anforderung darin besteht, sich nur mit einer bestimmten Anzahl an Artikeln dort anzustellen) ermöglicht es, auf einen Sprung in den Supermarkt zu gehen, spontan sein Eis, seine Zeitung oder den Orangensaft zu kaufen, den man noch schnell vor dem Picknick besorgen muss.

Und die Regeln an der Schnellkasse sind erfrischend einfach:

1. Größere Mengen ein und desselben Artikels zählen nicht als ein einziger Artikel.
2. Nur weil etwas klein ist – eine Zitrone etwa –, heißt das nicht, dass es nicht als Artikel zählt.
3. Es werden keine Ausnahmen gemacht, egal unter welchen Umständen.

Was aber denkt sich der Spaßvogel, der sich mit elf oder – Sie werden es kaum glauben – sogar zwölf Artikeln an der Kasse anstellt, an der ausdrücklich steht »bis zu zehn Artikel«? Hat er nicht aufgepasst oder versucht er tatsächlich, alle anderen Kunden, die sich brav an die Regeln halten, übers Ohr zu hauen?

Es ist Ihre Pflicht, stellvertretend für all diejenigen im Supermarkt, die geduldig anstehen, den Schwindel auffliegen zu lassen.

1. Bevor Sie loslegen, vergewissern Sie sich, dass Sie sich bei den Waren in seinem Korb nicht verzählt haben.
2. Wenn Sie sich sicher sind, dass es mehr als zehn sind, tippen Sie ihm auf die Schulter.
3. Geben Sie ihm die Chance, von selbst daraufzukommen. Zeigen Sie auf das Schild, das die maximale Anzahl an Artikeln angibt. Es ist möglich, dass er nun Überraschung vortäuscht und gnädig den Rückzug antritt.
4. Wenn er jedoch darauf besteht, in der Schlange zu bleiben, zeigen Sie auf seinen Korb und sagen

Sie: »Es sieht so aus, als hätten Sie mehr als zehn Artikel in Ihrem Korb.«

5. Gehen Sie nun dazu über, die Lebensmittel in seinem Korb laut aufzuzählen: »Eine Zitrone – eins, ein Brokkoli – zwei; eine Packung Cornflakes – drei …« Wenn Sie bei der magischen Zahl elf angekommen sind, wird er es nicht mehr leugnen können. Und zu diesem Zeitpunkt werden Sie die restlichen Kunden in der Schnellkassen-Schlange auf Ihrer Seite haben – ein bisschen Mobmentalität kann nie schaden.

SCHLUSSVERKAUF UND SCHNÄPPCHENEINKAUF

Nachdem Sie gerade mehrere Hundert Euro im Supermarkt ausgegeben und Ihr Konto schon ziemlich abgeräumt haben, ist es an der Zeit, einen Abstecher ins Kaufhaus zu machen und auf Schnäppchenjagd zu gehen.

Zunächst: Seien Sie froh, dass Sie nicht auf der Suche nach einem Hochzeitskleid sind. Einige Frauen hatten schon das Pech, dass sie bei der Schnäppchenjagd nach Brautmode zu Boden getrampelt wurden. Schnäppcheneinkäufer sind aggressiv, aber nicht alle so grausam wie zukünftige Bräute.

Nun, da Sie die positive Seite kennengelernt haben, seien wir einmal ehrlich: Schnäppcheneinkauf ist ein Sport wie Tontaubenschießen, wenn auch weniger ländlich, oder Hockey, allerdings mit mehr Körperkontakt und weniger (offiziellen) Regeln. Die *inoffiziellen* Regeln für die Jagd nach Sonderangeboten sind folgende:

1. Andere Menschen treten, schubsen, beißen und an den Haaren ziehen ist strengstens verboten.
2. Wer einen Artikel als Erster zu fassen bekommt, hat ein Vorrecht darauf.
3. Wenn zwei Personen vor einer Kleiderstange stehen, ist es unhöflich, die Kleider auf der Stange beiseitezuschieben. Denn dadurch bekommt die andere Person Schwierigkeiten, sich die Kleider anzusehen.
4. Kleidungsstücke irgendwo zu verstecken, wo sie nicht hingehören, ist Schummeln.

ETIKETTE-TIPP: *Bedenken Sie, dass andere Kunden vielleicht nicht die besten Absichten haben, wenn sie Ihnen erzählen, wie Ihnen das Teil, das Sie gerade anprobieren, steht. »Es sieht ein wenig hippiemäßig an Ihnen aus« heißt möglicherweise nichts anderes, als dass sie es selbst anprobieren und vielleicht kaufen wollen.*

Folgende Fähigkeiten sollten Sie zum Schlussverkauf in einem großen Kaufhaus unbedingt mitbringen: Zielstrebigkeit (wissen, wonach Sie suchen); starke Ellbogen; ein Mantra und – falls es wegen eines

Artikels zu einem Konkurrenzkampf kommt – eine Gnadenlos-Haltung. Sollte es dazu kommen, dass ein anderer Kunde und Sie gleichzeitig nach einem reduzierten Artikel greifen, dann seien Sie aggressiv.

Sollte es dazu kommen, dass ein anderer Kunde und Sie gleichzeitig nach einem reduzierten Artikel greifen, dann seien Sie aggressiv.

1. Wappnen Sie sich. Sie müssen Ihr Gegenüber nur ansehen und wissen schon, dass die Frau dieses Cocktailkleid, das von 350 auf 140 Euro heruntergesetzt ist, nie im Leben loslassen wird.
2. Sagen Sie sich immer wieder Ihr Mantra vor: »Es gehört *mir*. Es gehört *mir*. Es gehört *mir*.«
3. Zerren Sie leicht an dem Kleidungsstück, um sie zu testen. Es kann ja sein, dass sie einfach loslässt, weil sie keinen Streit anfangen will.
4. Wenn Ihre Konkurrentin daraufhin Ihr Zerren erwidert, müssen Sie handeln. Ziehen Sie das Kleid vorsichtig, damit es nicht zerknittert oder reißt, zu sich heran und stützen Sie dabei die Ellbogen an der Brust ab. So ist die Hebelkraft größer.
5. Lenken Sie sie ab (»Ich fass es nicht, da drüben ist Brad Pitt!« oder »Oh nein, da ist ja ein Loch im Ärmel!«), damit sie kurzzeitig vergisst, was sie wollte, und loslässt.
6. Sobald Sie den Sieg errungen haben und das Kleid sicher in den Händen halten, drehen Sie sich um und laufen Sie schnell in die andere Richtung davon, um eine weitere Konfrontation zu vermeiden.

Wie man mit Parfum-Versprühern umgeht

Man begegnet ihnen in jedem Kaufhaus und manchmal wollen sie ein »Nein« einfach nicht akzeptieren. »Möchten Sie einmal Charlie probieren?« Spritz. »Möchten Sie den neuen Duft vom

Designer Blabla probieren?« Spritz. Ist es diesen Menschen noch nie in den Sinn gekommen, dass nicht alle scharf darauf sind, nach Obsession, White Diamonds oder Urlaub in Rive Gauche zu riechen? Es ist Ihr gutes Recht, den Sprüher zurechtzuweisen. Sagen Sie: »Entschuldigung, ich habe nicht darum gebeten, mit [setzen Sie hier den Namen des Duftes ein] eingesprüht zu werden. Ich finde es eklig und es macht mich wahnsinnig.« Indem Sie eine Szene machen, erregen Sie die Aufmerksamkeit anderer Kunden und sabotieren das Geschäft des Parfum-Versprühers.

ROLLTREPPEN-ETIKETTE

Es gibt zwei Theorien für die Erfindung von Rolltreppen. Manche meinen, dass sie Fußgängern und Einkaufenden als Erholungspause von der Lauferei dienen, und demnach bleibt man, sobald man sie betreten hat, entspannt darauf stehen, ruht seine Beine aus und genießt die Fahrt. Andere dagegen sehen die Rolltreppe – und ihren Verwandten, den Fahrsteig – als ein Mittel an, um schneller voranzukommen. Diese Menschen rennen die Rolltreppe hoch oder nutzen sogar den Schwung aus, um hoch oder runter zu sprinten.

Diese beiden Typen von Rolltreppenfahrern befinden sich in Einkaufszentren und Kaufhäusern meistens auf Kollisionskurs: Wenn Letzterer es beispielsweise eilig hat, aber vor ihm zwei

Personen nebeneinanderstehen und sich gemütlich unterhalten. Oder wenn Ersterer sich nach einem Einkaufsmarathon mit Tüten beladen gerade eine Verschnaufpause gönnt, die dann jäh durch einen Stoß von einem Vorbeisprintenden unterbrochen wird.

Doch würden beide Typen einfach die Regeln der Rolltreppen-Etikette befolgen, müsste keiner von beiden unhöflich werden und beide könnten ihr Ziel erreichen.

1. Halten Sie sich immer an das Gebot »rechts stehen, links gehen«.
2. Halten Sie sich immer am Handlauf fest.
3. Wenn Sie sich auf der Rolltreppe mit jemandem unterhalten, stellen Sie sich eine Stufe unter oder über, nicht aber neben ihn.
4. Falls Sie mit schweren Tüten beladen sind, die Sie auf der Rolltreppe absetzen wollen, stellen Sie sie nicht neben sich, sondern auf die Stufe über oder unter Ihnen. Lassen Sie immer Platz für andere, die links oder rechts an Ihnen vorbeilaufen wollen, und behalten Sie eine Hand stets auf Ihren Tüten, für den Fall, dass Sie sie schnell wegräumen müssen.
5. Wenn Sie die Rolltreppe hochlaufen wollen, achten Sie darauf, dass Sie niemanden anrempeln, und kündigen Sie sich mit einem höflichen »Entschuldigung« an, sobald Sie in Hörweite sind.
6. Sollten Sie stehen und sich plötzlich entschließen, lieber zu laufen, lassen Sie erst die anderen vorbei, bevor Sie auf die linke Seite wechseln.

7. Halten Sie wenn möglich immer eine oder zwei Stufen Abstand zu Ihrem Vordermann.
8. Rennen Sie nicht die Rolltreppe hoch oder runter.
9. Gehen Sie die Rolltreppe abwärts niemals hoch und umgekehrt.

Gelegentlich werden Sie auf Zweier- oder Dreiergruppen stoßen, die sich nicht an die Regel »rechts stehen, links gehen« halten und Ihnen den Weg versperren. Sollten Sie ihnen die Regel erklären oder sie einfach bitten, zur Seite zu gehen?

Da Sie es eilig haben, ist es besser, Sie halsen sich keine längere Diskussion auf (»Was? Davon habe ich noch nie gehört ...«). Wenn Ihr »Entschuldigung« nicht genügt, fügen Sie den Grund für Ihre Eile hinzu, zum Beispiel: »Entschuldigung, lassen Sie mich bitte vorbei, ich muss zum [Bus/Zug/Sommerschlussverkauf].« Dann zwängen Sie sich vorbei, so gut Sie können.

IN DER ROLLE DES GASTGEBERS

Ob Sie eine gemütliche Party für zwei oder ein Abendessen für zwanzig planen, jeder Ausflug in die Welt der Festlichkeit beginnt mit der banalsten aller Aufgaben: mit der Menüplanung.

Wenn nur alles so einfach wäre! Sie müssen sich für diesen Abend auf Ihre Rolle als Gastgeber vorbereiten, und außerdem ist es Ihre Aufgabe, sich um jenen Gast kümmern, der nicht abschätzen kann, wann ein weiterer Drink einer zu viel ist.

MENÜPLANUNG

Wir alle kennen sie, die leidigen Veganer, die noch schlimmer sind als Vegetarier. Und dann kann man sich nie sicher sein, ob jemand ein »Fischetarier« ist oder ob er Hühnchen isst, aber kein rotes Fleisch. Und daneben gibt es auch noch die Fraktion, die kein Gemüse isst. Von den unterschiedlichen Lebensmittelallergien – gegen Schalentiere, Hülsenfrüchte, Weizen – und von den Herzpatienten, deren Ärzte sie zwingen, peinlichst auf ihre Cholesterinwerte zu achten, ganz zu schweigen. Wie soll man denn da heutzutage noch ein gelungenes Abendessen geben?

Die schnellste, direkteste und relativ schmerzlose Lösung: Senden Sie einen Fragebogen an alle Ihre Gäste, bevor Sie mit der Planung beginnen. So gehen auch besonders exklusive Pensionen vor, um sicherzugehen, dass keiner ihrer Gäste einen anaphylaktischen Schock erleidet.

1. Dank Internet ist diese Aufgabe relativ leicht zu erfüllen – schicken Sie den Fragebogen einfach per E-Mail oder Fax an alle Ihre Gäste.
2. Notieren Sie darin detaillierte Fragen zu Lebensmittelallergien sowie individuellen Vorlieben und Abneigungen.
3. Bitten Sie Ihre Gäste darum, alles aufzulisten, was sie »unter keinen Umständen« essen würden.
4. Setzen Sie ihnen eine Frist, bis wann Sie die Antwort brauchen.
5. Klären Sie Ihre Gäste darüber auf, dass sie, falls sie die Frist versäumen, auf eigenes Risiko an dem Abendessen teilnehmen.

Sollten Sie sich bei einem Gast nicht sicher sein, ob Sie seinen besonderen Bedürfnissen gerecht werden können, kontaktieren Sie ihn einfach und sagen Sie es ihm. (Vielleicht bringt er auch selbst sein Essen mit, das Sie dann aufwärmen können, während Sie kochen.)

Denken Sie auch daran, dass die spezielle Ernährung mancher Ihrer Gäste religiöse Gründe hat. Wer sich koscher ernährt, würde zum Beispiel kein Gericht essen, in dem Fleisch- und Milchprodukte gemischt werden.

ETIKETTE-TIPP: *Angenommen, ein Gast erscheint, ohne auf Ihre Einladung geantwortet zu haben, und erzählt Ihnen dann, er sei allergisch gegen Hülsenfrüchte – und Sie haben ein Bohnengericht gekocht. Selbst in Ihrem Salat sind Kichererbsen. Sie dachten, alles wäre perfekt – alle Vegetarier und Veganer wären versorgt –, nur daran hatten Sie nicht gedacht. In der Küche haben Sie nichts außer einem Stoß Menüangebote vom Lieferservice. Kürzen Sie die Sache ab: Geben Sie dem allergischen Gast die Prospekte zur Auswahl und warten Sie mit dem Servieren, bis sein Gericht ankommt.*

MISSLUNGENE GESCHENKE

Sie haben das Abendessen vorbereitet, sind geduscht und umgezogen – jetzt ist es an der Zeit, dass Ihre Gäste eintreffen. Und außerdem ist es an der Zeit, eine essenzielle Binsenweisheit zu beherzigen: Als Gastgeber, ob zu Hause oder woanders, begeben Sie sich in eine soziale Sphäre, in der typischerweise sehr viel gelogen wird: »Oh, das ist das perfekte Geschenk!«

»Diese Rinderbacken sind köstlich.«, »Sie sehen umwerfend aus!« Es wird von Ihnen erwartet – und das ist absolut in Ordnung –, in solchen Situationen zu flunkern. Die Kunst besteht darin, die Sache durchzuziehen, ohne mit der Wimper zu zucken.

»Ach, genau das hat mir noch gefehlt, ein … ein … was ist das noch mal genau?« Seltsame Küchenartikel, deren Funktion Ihnen ein Rätsel bleibt; hässliche Pullover, Broschen, Schals; Keramiktiere, ein bauchtanzender Nikolaus, der verfluchte singende Fisch – die Liste der Staubfänger ist endlos. Es ist eine unabänderliche Tatsache: Manche Menschen, selbst gute Freunde und Familienmitglieder, haben wirklich einen schlechten Geschmack und suchen daher furchtbare Geschenke aus.

Die einfache Lösung: Tauschen Sie sie ein.

1. Nachdem Sie das Geschenk ausgepackt und für grässlich oder unbrauchbar befunden haben, rufen Sie begeistert aus, wie toll es ist. Fragen Sie den Gast, wo er es gefunden hat und wie lange das her ist, weil Sie Ihrer Schwester genauso eines zum Geburtstag schenken wollen.
2. Nehmen Sie es nicht aus der Verpackung – lassen Sie die Folie, das Etikett und den Karton intakt.
3. Mit der Information, die Sie Ihrem Gast so subtil entlockt haben, können Sie das Geschenk in dem Laden zurückgeben, in dem es gekauft wurde. Normalerweise nehmen Geschäfte Artikel, die offensichtlich nicht geöffnet wurden, auch ohne Beleg zurück.
4. Der Schenkende wird sich möglicherweise später nach dem Geschenk erkundigen: »Und, hören Sie dem Fisch beim Singen zu?« Beißen Sie die Zähne zusammen und lügen Sie: »Er ist echt klasse! Ich kriege das Lied gar nicht mehr aus dem Kopf!«

Eine etwas komplexere Lösung für dieses Dilemma ist das Weiterverschenken. Sie funktioniert besonders gut, wenn Sie von jemandem zu einer Party eingeladen sind, den Sie nicht besonders gut leiden können, bei der Sie aber aufgrund sozialer Verpflichtungen auftauchen müssen. Packen Sie das ungeliebte Geschenk einfach wieder ein – in besonders schönes Geschenkpapier und mit einer hübschen Schleife (um die Tatsache zu verschleiern, dass es sich um ein »faules« Präsent handelt) – und überreichen Sie es Ihrem Gastgeber. Letztendlich wird es so oft weiterverschenkt werden, bis es schließlich bei jemandem landet, dem es tatsächlich gefällt.

Die Hässliche-Geschenke-Party für alle Geschenke, die Sie nicht eintauschen können und die selbst zum Weiterverschenken zu schlimm sind

Nehmen Sie misslungene Geschenke zum Anlass für einen lustigen und kitschigen Abend, schmeißen Sie eine »Hässliche-Geschenke-Party«. Sagen Sie Ihren Gästen, sie sollen die grässlichsten Geschenke, die sie je bekommen haben, einpacken und mitbringen. Stapeln Sie die Päckchen mitten im Raum. Lassen Sie jeden Ihrer Gäste eine Nummer aus einem Hut ziehen. Wer die höchste Nummer hat, darf sich als Erster ein Geschenk aus dem Stapel aussuchen. Wenn das Spiel in vollem Gange ist, kann sich derjenige, der dran ist, ein Geschenk von einem Mitspieler aussuchen, der bereits eines gezogen hat.

Freuen Sie sich darüber, wie der Abend mit jedem Teil, das ausgepackt und ungläubig bestaunt wird, immer alberner wird.

DER GAST MIT DEM DRINK ZU VIEL

Zeichen gibt es viele: Die Person – nennen wir sie Mary – lallt; sie torkelt, während sie den Raum durchquert; sie verschwindet häufig im Bad; sie flirtet aggressiv mit einem Gast, den sie vorher als »total widerlich« bezeichnet hat. So verhält sich der typische betrunkene Partygast. Und falls Mary bei Ihnen auftaucht, ist es Ihre Pflicht als Gastgeber, die Situation zu retten, bevor sie sich vollkommen blamiert – oder Ihren neuen Teppich aus dem Himalaya ruiniert.

Die beste – und einzig verantwortungsbewusste – Lösung besteht darin, sie loszuwerden, und zwar schnell. Am einfachsten funktioniert es, wenn die Person in Begleitung gekommen ist, denn dann können Sie die Verantwortung an ihren Freund abgeben.

1. Nehmen Sie ihren Begleiter diskret beiseite und flüstern Sie ihm zu: »Mary hat ein bisschen zu viel getrunken, meinen Sie nicht?« Legen Sie ihm nahe, dass er seine Freundin nach Hause bringen sollte.
2. Falls sie allein gekommen ist, rufen Sie ein Taxi und gehen Sie mit ihr vor die Tür – unter dem Vorwand, eine Zigarette zu rauchen oder, falls sie nicht raucht, den Mond anzuschauen.

3. Sagen Sie ihr, sie soll ihren Mantel mitnehmen, weil es draußen kühl ist, und ihre Handtasche für den Fall, dass der Eisverkäufer vorbeifährt.
4. Wenn das Taxi ankommt, setzen Sie sie auf den Rücksitz, nennen Sie dem Fahrer die Adresse und geben Sie ihr Fahrgeld. In ihrem Zustand ist es sehr unwahrscheinlich, dass sie anfangen wird, sich zu wehren.

IM FITNESSSTUDIO

Das Fitnessstudio ist ein Ort, an dem die Menschen gezwungen sind, Fremden so nahe zu kommen, wie sie es sonst nie tun würden. Zunächst ist da die Umkleidekabine – hätten Sie gedacht, dass Sie Ihre Nachbarin oder Kollegin jemals in Sport-BH und Radlerhosen sehen würden? Und zu dieser Vorstellung kommt die Tatsache hinzu, dass unzählige andere Besucher dieselben Geräte, Matten und Gewichte benutzen wie Sie – und alles vollschwitzen.

In diesem Abschnitt werden wir die Etikette im Gruselkabinett »Fitnessstudio« erforschen. Von Leuten, die überall ihren Schweiß verteilen, bis zu Sporttreibenden, die rücksichtslos den Fernsehsender wechseln, gibt es in diesem öffentlichen Forum viele Möglichkeiten, sich schlecht zu benehmen. Man sollte aber wissen, wie man sich dort richtig verhält.

SCHWEISS-ETIKETTE

Auch wenn Sie in einem Fitnessstudio angemeldet sind, das keinen Handtuch-Service anbietet, ist das keine Ausrede, das Gerät, an dem Sie 25 Minuten lang Cardiotraining gemacht und geschwitzt haben, nicht abzuwischen. Beim Work-out gibt es ein paar goldene Regeln, die zu beachten sind – manche sollten selbstverständlich sein, andere werden vom Management vorgegeben.

1. Wischen Sie Ihren Schweiß ab. Viele Fitnessstudios bieten Desinfektionsspray und Papiertücher an, das ist der Idealfall. Ansonsten verwenden Sie am besten ein Handtuch und Wasser aus Ihrer Wasserflasche.
2. Wenn Sie an einem Gerät im Sitzen trainieren, kann es passieren, dass Sie eine Schweißpfütze hinterlassen. Wischen Sie in dem Fall nicht nur kurz drüber – halten Sie das Handtuch mehrere Sekunden in die Pfütze, bis alles aufgesaugt ist.
3. Falls Sie besonders stark schwitzen – so sehr, dass eventuell Schweißtropfen von Ihren Augenbrauen geradewegs auf Ihren Nachbarn überspringen könnten –, suchen Sie sich ein Gerät, das möglichst weit weg von anderen steht.

Die folgende Situation kennen Sie vielleicht: Gerade als Sie anfangen wollen, an einem Gerät zu trainieren, entdecken Sie kleine Schweißpfützen an den Griffen, der Rückenlehne und – der absolute Horror – auf

Wischen Sie Ihren Schweiß ab. Viele Fitnessstudios bieten Desinfektionsspray und Papiertücher an.

dem Sitz. Schrittschweiß, wie ekelhaft! Da hat jemand eindeutig gegen Regel Nummer zwei verstoßen. Was tun? Es gibt genau zwei Möglichkeiten: Entweder Sie müssen es selbst aufwischen oder aber den Schweißverteiler höchstpersönlich dazu bringen, es zu tun.

Proaktive Lösung:

1. Besorgen Sie sich Papiertücher und machen Sie sich selbst an die Arbeit. Ihr Vorgänger war nicht so freundlich, es zu tun, Sie hingegen schon – indem Sie so handeln, gehen Sie mit gutem Beispiel voran und zeigen allen anderen Fitnessstudio-Besuchern, dass jeder dafür verantwortlich ist, die Geräte sauber zu halten.
2. Bedecken Sie die Schweißpfützen mit einem Stoß Papiertüchern und warten Sie ein paar Sekunden, bis die Feuchtigkeit aufgesaugt ist.
3. Wischen Sie den Rest mit kleinen kreisenden Bewegungen ab. Falls jemand anderes Sie dabei beobachtet, lassen Sie ihn wissen, dass Sie hinter einem Schweißverteiler herwischen (verdrehen Sie die Augen, das sollte genügen). Nicht, dass er auf die Idee kommt, selbst auch so nachlässig zu sein.

Konfrontative Lösung:

1. Möglicherweise wissen Sie ganz genau, wessen Schweiß sich auf dem Gerät verteilt hat, das Sie benutzen wollen, da Sie eine Weile anstehen muss-

ten. Suchen Sie in dem Fall nach ihm. Wo immer er gerade trainiert – auf den Matten, an den Gewichten –, finden Sie ihn.

2. Sobald Sie ihn entdeckt haben, legen Sie Ihr Handtuch auf das Gerät, um sicherzugehen, dass niemand anderes es benutzt, während Sie den Schweißverteiler zurechtweisen. Gehen Sie auf ihn zu.
3. Zeigen Sie auf das Gerät, das er gerade benutzt hat, und fragen Sie ihn: »Waren Sie nicht gerade an diesem Gerät?«
4. Wenn er mit »Ja« antwortet, weisen Sie ihn darauf hin: »Wahrscheinlich ist es Ihnen gar nicht aufgefallen, aber das Gerät ist ganz nass. Wären Sie so nett, es abzuwischen, bevor die nächste Person es benutzt?«
5. Falls er zögert, sagen Sie ihm zur Erinnerung: »Das ist eine Regel.« Deuten Sie mit einer Kopfbewegung in Richtung eines Mitarbeiters an, dass Sie Verstärkung holen müssen, falls er nicht tut, was Sie von ihm verlangen.

GERÄTE-ETIKETTE

Zu Stoßzeiten sollte man Rücksicht auf die anderen Besucher nehmen und nicht zu lange an einem Cardiogerät trainieren. Dennoch begegnet man immer wieder Trainierenden, die ein Gerät 45 Minuten, eine Stunde lang oder noch länger belagern. Sie stapeln ihre Medizin-Lehrbücher auf dem Display und laufen und laufen und laufen – selbst an einem Donnerstagnachmittag um 17:30 Uhr, wenn alle anderen Geräte besetzt sind.

Jeder Besucher des Fitnessstudios sollte sich an die folgenden vernünftigen Regeln halten, damit genügend Geräte für alle zur Verfügung stehen:

1. Belagern Sie niemals ein Gerät zu lange, damit jeder eine Chance bekommt.
2. Sie können zum Beispiel 45 Minuten Cardiotraining durchziehen und sich trotzdem an die Regeln halten, indem Sie Crosstraining machen. Laufen Sie 25 Minuten lang auf dem Laufband und trainieren Sie dann 20 Minuten lang auf dem Fahrrad oder dem StairMaster weiter.
3. Wenn Sie zu Stoßzeiten im Studio sind und sehen, dass jemand auf das Gerät wartet, an dem Sie schon länger als 25 Minuten trainieren, werden Sie langsamer, steigen Sie ab und gehen Sie anschließend weiter zum nächsten Gerät.

Die beste Art, auf jemanden zuzugehen, der sich einfach nicht an die Regeln halten will, ist eine Konfrontation. Es ist vielleicht nicht die angenehmste Lösung, andererseits haben Sie möglicherweise jede Menge unbeschäftigte Personal Trainer und anderes Personal, die Sie zu Hilfe rufen können.

1. Gehen Sie direkt auf den Gerätebelagerer zu und sprechen Sie ihn an: »Entschuldigen Sie, wie lange haben Sie noch vor, an diesem Gerät zu trainieren?«

2. Wenn nicht gerade ein Handtuch oder Zeitschriften auf dem Display liegen, zeigen Sie darauf und sagen Sie: »Sie benutzen dieses Gerät schon ziemlich lange.«
3. Nun, da Sie seine Aufmerksamkeit haben, erklären Sie ihm die Lage. Sagen Sie ihm: »Entschuldigung, aber ich würde das Gerät auch gern benutzen.«
4. Wenn er sich sträubt oder Sie ignoriert, tippen Sie einem der Trainer auf die Schulter und bitten Sie ihn um Hilfe.

ETIKETTE-TIPP: *Gehen Sie immer mit gutem Beispiel voran:*

- *Legen Sie Gewichte dorthin zurück, wo sie hingehören, auch wenn Sie sie vom Boden einsammeln mussten.*
- *Lassen Sie andere Leute an das Gerät, an dem Sie trainieren.*
- *Machen Sie zwischen Sets keine langen Pausen, wenn Sie sehen, dass andere darauf warten, das Gerät zu benutzen.*
- *Seien Sie zuvorkommend – gehen Sie beispielsweise einen Schritt zur Seite, um einer anderen Person Platz zu machen.*
- *Achten Sie bei Trainingskursen auf Ihren eigenen persönlichen Raum und übertreten Sie auch den der anderen Teilnehmer nicht, es sei denn, die Übung erfordert es.*

FERNSEHSENDER WECHSELN

Es ist eine gute Sache, dass Fitnessstudios mit »Cardiokino« ausgestattet sind, mit Fernsehern, die in einer Reihe von der Decke hängen, um die Trainierenden zu unterhalten, die sich an den Geräten abrackern. Auf der Stelle zu laufen oder Treppen zu steigen ist unfassbar langweilig, wenn man dabei die Wand anstarrt oder, schlimmer noch, sich selbst. Sportsendungen oder Wiederholungen von *Golden Girls* dagegen können einen beim Training anspornen und vielleicht sogar dazu veranlassen, es länger am Gerät auszuhalten. (Und die Fitnessstudios können dadurch höhere monatliche Beiträge kassieren.)

Normalerweise hat das Personal die Macht über die Fernbedienung. Dadurch wird sichergestellt, dass eine ausgewogene Mischung aus Sport, Nachrichten und leichter Unterhaltung gezeigt wird. Manchmal können Besucher jedoch auch darum bitten, das Programm zu wechseln. Wenn Sie mit den gezeigten Sendungen nicht glücklich sind und lieber etwas anderes sehen möchten, beachten Sie Folgendes:

1. Es kann gut sein, dass andere Personen am selben Monitor fernsehen. Schauen Sie sich um und stellen Sie fest, wer den Fernseher sonst noch benutzt.
2. Wenn Sie jemanden entdecken, der mit den Augen am Bildschirm hängt, fragen Sie ihn, ob es in Ordnung ist, wenn Sie den Sender wechseln. Möglicherweise starrt der andere einfach nur drauf und kümmert sich nicht darum, was läuft.

3. Nachdem Sie einen Mitarbeiter des Fitnessstudios um die Fernbedienung gebeten haben, wählen Sie ein Programm aus, das auch für andere Besucher kompatibel ist: keinen Softporno, keine Splatterfilme und keine nervtötenden Talkshows.
4. Wenn ein anderer nach der Fernbedienung fragt, seien Sie so freundlich und geben Sie sie ab.

BEOBACHTEN UND BEOBACHTET WERDEN

Leider steht das Equipment – die Geräte, die Gewichtbänke, die Matten – in vielen Fitnessstudios sehr eng beieinander. Daher ist es schwierig, den Blick nicht zu anderen Personen wandern zu lassen, wenn man in seine Work-out-Trance abdriftet. Doch Sie sollten bedenken, dass im Fitnessstudio sehr unterschiedliche Menschen aufeinandertreffen und manche es nicht leiden können, beobachtet zu werden. (Und es auch nicht gut finden, wenn man auf das Display an ihrem Gerät starrt, um herauszufinden, wie lange und intensiv sie daran trainieren.)

Hier ist eine grobe Übersicht über die unterschiedlichen Typen von Fitnessstudio-Besuchern:

- Der narzisstische Typ trägt knappe Kleidung und hat die passende Trainingsausrüstung, die im Set erhältlich ist. Er tendiert dazu, am wenigsten von allen zu trainieren, und verbringt stattdessen viel Zeit damit, mit anderen Besuchern zu quatschen und sich im Spiegel zu bewundern. Die weibliche Variante trägt für jemanden, der vorhat zu schwitzen, unglaublich viel Make-up.

- Der Hardcore-Typ liest eine Ausgabe der *Fit for Fun*, der *Shape* oder der *Runner's World*. Er ist mit allen Personal Trainern per Du und in erschreckend guter Form. Die männliche Variante ist der muskelbepackte Typ, der im Gewichtsraum wohnt und jeden anderen Schwergewichtler kennt, da sie sich immer gegenseitig beobachten.
- Der Hobby-Besucher geht drei- bis viermal die Woche ins Fitnessstudio – wenn er eine Radlerhose anhat, trägt er darüber ein weites T-Shirt, um seinen Hintern zu verstecken. Außer mit Leuten, die er schon von außerhalb des Fitnessstudios kennt, unterhält er sich mit niemandem. Er zieht einfach sein Training durch und geht, doch dabei sieht er immer ein wenig so aus, als wäre er lieber woanders.
- Den Anfänger-Typ erkennt man daran, dass er etwas unsportlich und wie in Trance wirkt – als wäre er geschockt darüber, dass so eine seltsame Welt existiert, in der Menschen freiwillig schwitzen und sich unnötig verausgaben. Er ist dürr und trägt unförmige Shorts, ein altes T-Shirt, die Socken bis zu den Knien hochgezogen und unangemessene Schuhe wie beispielsweise Tennis-Sneaker oder Segelschuhe.

Jeder dieser oben beschriebenen Typen wird anders darauf reagieren, wenn er Sie dabei erwischt, dass

Sie ihn beobachten. Der narzisstische Typ wird anfangen zu posen und sich zu präsentieren, der Hardcore-Typ wird so sehr von seinem Herzfrequenzmonitor eingenommen sein, dass er Sie gar nicht bemerkt. Doch wenn es sich um einen Hobbybesucher oder einen Anfänger handelt, wird es diesem vielleicht unangenehm sein.

Am besten ist es, man richtet seine Aufmerksamkeit auf das, was man selbst gerade macht, ob man auf sein Display am jeweiligen Gerät schaut oder sich im Spiegel betrachtet, während man Bizeps-Curls macht. Zwischen den Sets kann es leicht passieren, dass der Blick abschweift. Doch versuchen Sie in diesem Fall, ihn auf neutralen Stellen ruhen zu lassen.

ETIKETTE-TIPP: *Falls Sie jemanden aus Versehen anstarren, der Sie dabei erwischt, wenden Sie den Blick langsam ab – nicht zu abrupt, sonst wird der andere vielleicht meinen, Sie hätten ihn absichtlich angeschaut.*

Wenn Sie angebaggert werden

Manche Leute betrachten Fitnessstudios fälschlicherweise als Ort zum Kennenlernen oder – noch schlimmer – als Abschleppladen, was inakzeptabel ist (es sei denn, Sie finden die andere Person sehr attraktiv). Wie reagieren Sie, wenn ein anderer Besucher mit Ihnen flirtet, Sie das aber nicht möchten?

1. Vermeiden Sie Blickkontakt. Widerstehen Sie der Versuchung, in seine Richtung zu schauen, um zu sehen, ob er noch guckt, denn das könnte die andere Person als Interesse missverstehen.
2. Wenn Sie jemand anspricht und versucht, mit Ihnen Smalltalk zu führen, geben Sie ihm zu verstehen, dass Sie hier sind, um zu trainieren, und nicht, um abgeschleppt zu werden. Sagen Sie »Entschuldigung, aber ich muss mich auf mein Training konzentrieren« und setzen Sie Ihren Work-out fort.
3. Wenn die andere Person nicht von Ihnen ablässt, werden Sie deutlicher: »Hören Sie, ich komme wirklich nicht hierher, um Leute kennenzulernen. Ich will einfach nur mein Training machen und so schnell wie möglich wieder raus.«

ETIKETTE IM YOGAKURS

Yoga ist eine hervorragende Form der Entspannung, jedoch nicht, wenn andere Teilnehmer Ihnen zu nahe kommen. Diese Aktivität erfordert noch mehr Rücksichtnahme als alle anderen, denn damit Yoga etwas bringt, muss jeder Einzelne sich vollkommen darauf konzentrieren, was sein Körper macht.

Um dies zu ermöglichen, folgen Sie den grundlegenden Richtlinien:

1. Beanspruchen Sie nur so viel Platz für sich, wie Sie unbedingt brauchen. Sofern die Übung es

nicht anders erfordert, beschränken Sie sich auf die Fläche Ihrer Yogamatte (zirka 60 Zentimeter mal 1,50 Meter).

2. Stellen Sie sich darauf ein, dass andere Teilnehmer ab und zu näherrücken müssen, um eine bestimmte Übung ausführen zu können.
3. Denken Sie daran, dass lautes Atmen andere ablenken kann und möglichst minimiert werden sollte – es sei denn, es ist Teil der Übung.
4. Wenn Sie den Kopf- oder Schulterstand, den Pflug oder ähnliche Übungen ausführen, vergewissern Sie sich vorher und wenn Sie sich wieder in die Ausgangsposition zurückbegeben, dass um Sie herum genug Platz ist, damit Sie nicht versehentlich jemanden treffen.
5. Unterlassen Sie unnötige Unterhaltungen während der stillen Meditation und in der Totenstellung (Savasana).

IM URLAUB

Ihr Wunsch war, alles hinter sich zu lassen – die Arbeit, das unablässig klingelnde Telefon, Ihren überquellenden E-Mail-Posteingang. Also haben Sie sich einige mögliche Urlaubsziele angesehen, während in Ihrem Kopf Bilder von Piña Coladas und langen Lese-Nachmittagen herumtanzten –

um dann im Paradies zu landen und festzustellen, dass es dort nicht wirklich erholsam ist. Anstelle des 9-Uhr-Personalmeetings und einer Mitteilung von Ihrem Chef plagt Sie nun die Frage, was Sie mit Ihren lauten Zimmernachbarn im Hotel und den lärmenden Kindern am Strand machen sollen, deren Eltern sie allein gelassen haben (aus nachvollziehbaren Gründen).

Allgemein sollten Urlauber an zwischenmenschliche Begegnungen mit einer »Was-du-nicht-willst-das-man-dir-tu'«-Haltung herangehen: Breiten Sie sich am Strand nicht zu sehr aus (Sie würden auch nicht wollen, dass jemand in Ihren persönlichen Raum einfällt, oder?); versuchen Sie, in Ihrem Hotelzimmer Lärm auf ein Minimum zu begrenzen (Sie würden auch nicht wollen, dass Ihre Nachbarn Ihre Liebesabenteuer mithören, oder?); und denken Sie stets daran, dass die Tatsache, dass Sie dort niemand kennt, keine Rechtfertigung für schlechtes Benehmen ist.

AM STRAND

Halten Sie sich an folgende grundlegende Regeln, wenn Sie sich an den Strand legen:

1. Bevor Sie Ihr Handtuch und andere Strandutensilien ausbreiten, halten Sie nach einem relativ leeren Strandabschnitt Ausschau. Damit der Strandaufenthalt sowohl für Sie als auch für die Badegäste

um Sie herum angenehm ist, halten Sie einen Abstand von mindestens 1,50 Meter zwischen Ihrem Lager und dem Ihres Nachbarn ein.

2. Hören Sie keine laute Musik, es sei denn, Sie befinden sich an einem wirklich einsamen Strand. Wenn außer Ihnen nur eine Handvoll Leute dort ist, können Sie Ihren Ghettoblaster in niedriger Lautstärke einschalten. Doch gehen Sie anschließend zu der Person, die Ihnen am nächsten ist, hinüber und überprüfen Sie, ob Ihre Musik noch zu hören ist. Im Allgemeinen sind Kopfhörer allerdings die beste Lösung.
3. Für alle Spiele, die mit fliegenden Objekten – zum Beispiel Frisbee, Aerobie, Beachball, Badminton etc. – zu tun haben, gilt: Spielen Sie nur in Bereichen, in denen keine Gefahr besteht, dass das fliegende Objekt eine andere Person am Kopf trifft oder in ihrem Picknick landet.
4. Wenn Sie im Meer oder im See baden gehen und gern mit Freunden und Familie planschen, wobei Sie sich gegenseitig nass spritzen, passen Sie auf, dass Sie keine fremden Personen belästigen. Es kann nämlich sein, dass andere nicht so gern nass werden möchten.
5. Falls Sie sich gern nackt oder oben ohne sonnen, tun Sie das nur an Stränden, an denen es explizit erlaubt ist, beziehungsweise an Privatstränden mit Zustimmung der Eigentümer.

Seinen Liegeplatz behaupten

Befolgen Sie Regel Nummer eins zum persönlichen Raum und halten Sie einen Abstand von mindestens 1,50 Meter zu Ihrem Nachbarn ein. Im Idealfall werden sich alle anderen Strandbesucher ebenfalls danach richten.

Aber wie verhält man sich gegenüber Leuten, die so viel Gepäck mit an den Strand schleppen, dass sie fünfmal zwischen ihrem Geländewagen und dem Strand hin- und herlaufen müssen, um ihn zu entladen? Zelte, riesige Strandtücher, Stühle, Kühlboxen, ein Volleyballnetz, Schlauchboote, Surfbretter, Wasserbälle – sie breiten sich immer weiter aus. Und an diesem wundervollen Strandtag bleibt Ihnen nichts als eine 60 mal 90 Zentimeter große Fläche für Ihr bescheidenes Handtuch und Ihren kleinen Rucksack, in den Sie nur Sonnencreme, Wasser, Ihren MP3-Player und ein Buch eingepackt haben.

Der beste Weg ist wie immer der direkte und höfliche.

1. Vergewissern Sie sich als Erstes, dass es sich weder um eine Versammlung von Satanisten noch um eine religiöse Gruppierung handelt, die plant, sich hier am Meer anzusiedeln. Halten Sie nach verräterischen Pentagramm-Tattoos sowie Kleidungsstücken oder Accessoires Ausschau, die auf eine Uniform hindeuten könnten. Tragen sie alle die gleichen Nike-Schuhe? Sind weniger Männer als Frauen und ungewöhnlich viele Kinder dabei?

2. Sobald Sie sicher sein können, dass es sich um eine ganz normale, wenn auch große Familie handelt, gehen Sie auf einen der Erwachsenen zu.
3. Seien Sie sehr höflich, wenn Sie ihn darum bitten, a) das Volleyballnetz, b) eines seiner vier Zelte oder c) das große Loch, das gerade für das Lagerfeuer gegraben wird, ein Stück weiter weg zu versetzen, damit Sie Ihr Handtuch ausbreiten können.
4. Nachdem sie Ihnen Platz gemacht haben, machen Sie es sich darauf gemütlich und stecken Sie sich die Kopfhörer ins Ohr, um den Lärm der schreienden Kinder auszublenden.

SONNENCREME-ETIKETTE

Der Strand und der Pool wären bessere Orte, wenn man nicht immer Sonnencreme benutzen müsste. Sie aufzutragen dauert ewig und es gibt Stellen, die man einfach nicht erwischt, die Hände werden schmierig und klebrig und nach dem Schwimmengehen muss man sich jedes Mal von Neuem eincremen. Außerdem ist da das Problem mit dem persönlichen Raum, wenn es darum geht, sich gegenseitig an den Stellen einzucremen, an die man selbst nicht herankommt. Wen fragt man am besten? Und muss man sich wirklich revanchieren?

1. Wenn Sie in Begleitung von mehreren Leuten sind, bitten Sie denjenigen, den Sie am besten kennen, darum, Ihnen den Rücken einzucremen.

2. Sollten Sie das Gefühl haben, dass er eine Stelle ausgelassen hat, sagen Sie es ihm.
3. Wenn Ihnen jemand Sonnencreme aufträgt, ist es angebracht, dass Sie der anderen Person den Gefallen erwidern.
4. Wenn Sie einer Person, die Sie nicht so gut kennen, Sonnencreme auftragen, tun Sie es so distanziert wie möglich – mit leichten, kurzen Berührungen statt mit langen, intensiven und verführerischen.
5. Falls Sie danach noch Sonnencreme an den Händen haben, schmieren Sie sie nicht an Ihrem nächstbesten Freund ab. Reiben Sie sich damit ein, bis sie absorbiert ist.
6. Benutzen Sie gegenseitiges Eincremen nicht als Masche – das ist so Siebziger.

Wie man drum herumkommt, jemand anderen einzucremen

Eines Tages werden Sie vielleicht mit ein paar Freunden von Freunden an den Strand gehen, und irgendjemand wird Sie frei heraus fragen, ob Sie ihm oder ihr den Rücken eincremen könnten.

Möglicherweise sind Sie selbst schon mit Eincremen fertig – das haben Sie bereits zu Hause vor dem Spiegel erledigt, um auch wirklich keine Stelle auszulassen – und Sie wollen nicht schon wieder Sonnencreme an den Händen kleben haben. Außerdem kennen Sie die Person kaum und legen keinen Wert auf Körperkontakt. Wie ziehen Sie sich geschickt aus der Affäre?

1. Gehen Sie die Inhaltsstoffe Ihrer eigenen Sonnencreme durch und suchen Sie sich einen Stoff aus, der in fast jeder Sonnencreme enthalten ist – Aloe, PABA etc.
2. Fragen Sie die Person, die eingecremt werden möchte: »Enthält deine Sonnencreme PABA? Ich bin nämlich allergisch dagegen.«
3. Lassen Sie die andere Person die Inhaltsstoffe durchlesen und feststellen, dass es tatsächlich in der Creme enthalten ist.
4. Erklären Sie, dass Sie die Sonnencreme bedauerlicherweise nicht auftragen können, da Sie einen schlimmen Ausschlag bekommen würden, wenn Sie mit dem Allergen in Kontakt kämen.

KINDER AM STRAND

An alle Eltern: Sie haben sich (vermutlich jedenfalls) dafür entschieden, Kinder in die Welt zu setzen, und Sie werden für immer die Verantwortung für sie tragen. Beaufsichtigen Sie Ihre Kinder am Strand und sorgen Sie dafür, dass sie nicht

1. Ihre Nachbarn verärgern, indem sie Sand in alle Richtungen schleudern, lärmen, wild herumtoben oder sonst wie nerven (zum Beispiel Sie mit Sachen bewerfen);

2. über einen Radius von anderthalb Metern hinaus Wasser in irgendeine Richtung spritzen;
3. mit gefährlich aussehenden Hunden spielen;
4. mit Leuten sprechen, die nicht angesprochen werden wollen.

Wenn Sie sich nach Einsamkeit und Ruhe gesehnt haben, ist das Letzte, was Sie im Urlaub brauchen, ein Haufen wild tobender Kinder, die durch die Gegend rennen und Sand aufwirbeln, während Sie versuchen, sich zu entspannen und dem viel subtileren Geräusch der Wellen zu lauschen.

Wenn das Nassspritzen und Sandaufwirbeln überhandnimmt und auch der Appell an die Eltern nichts bringt, versuchen Sie einfach, die Familie aus Ihrem Strandparadies zu vergraulen. Spielen Sie diesen seltsamen Erwachsenen, vor dem Sie als Kind selbst immer Angst hatten. Dabei müssen Sie vor allem unberechenbar und wahnsinnig wirken. Zum Beispiel könnten Sie laut rufen: »Hey ihr, was ist die Hauptstadt von Timbuktu?« und dann hysterisch lachen. Oder Sie gehen auf die Kinder zu und erzählen ihnen, Sie würden eine Umfrage machen, wie oft Menschen pro Minute schlucken. Sobald die Eltern das mitbekommen, werden sie ihre Kinder warnen, sich von Ihnen fernzuhalten.

Doch falls auch das sie nicht verschreckt, versuchen Sie es mit dem Eiswagen. Sagen Sie nach einem kurzen Blick auf die Uhr: »Es sieht ganz so aus, als wäre es Zeit für den Eiswagen! Ihr solltet schnell zu euren Eltern laufen und Geld holen.« Die Kinder werden in null Komma nichts weg sein.

IM HOTELZIMMER

Viele Hotels und Motels haben dünne Wände, die so ziemlich alle Geräusche durchlassen. Wie dünn sie tatsächlich sind, wissen Sie erst, wenn Sie einen lauten Nachbarn haben, und daher ist es am besten, leise zu reden und den Fernseher nicht aufzudrehen. Die Hotelzimmer-Etikette besagt, dass

1. Fernseher, Radios und andere Geräte nach 22 Uhr leise gestellt werden müssen;
2. Zimmerpartys ab 22 Uhr in die Lobby verlegt werden sollen;
3. Gäste laute Gespräche nach 22 Uhr unterlassen sollen;
4. Gäste davon absehen sollen, Möbel zu verrücken;
5. Gäste dem Zimmermädchen für jeden Tag, den sie in dem Zimmer wohnen, mindestens einen Euro Trinkgeld geben sollten (dass Sie nicht sauber machen müssen, berechtigt Sie übrigens nicht dazu, unordentlich zu sein);
6. Sie, wenn Sie Zimmerservice bestellen, den Kellner in vorzeigbarem Zustand empfangen.

Für die meisten von uns sind die Regeln für anständiges Benehmen während ihres Hotelaufenthalts selbstverständlich. Aber es kann immer mal wieder passieren, dass Sie Pech haben und neben einem Zimmer einquartiert wurden, das niemals schläft. Wer weiß, was die Menschen jenseits der Wand alles anstellen! Der Fernseher plärrt, Leute schreien sich gegenseitig an und das Bett kracht immer wieder gegen die Wand. Das soll Urlaub sein? Sie können nicht einmal klar denken, geschweige denn einschlafen.

Die besten Lösungen:

- Informieren Sie die Rezeption über Ihr Problem. Sagen Sie, Sie wollen mit dem Manager sprechen, falls der diensthabende Mitarbeiter erklären sollte, dass er Ihnen nicht helfen könne. Erinnern Sie den Manager höflich daran, dass Sie ein zahlender Gast sind und erwarten, auch so behandelt zu werden.
- Sehen Sie sich in Ihrem Zimmer nach einem stumpfen Gegenstand um – beispielsweise einer Lampe – und klopfen Sie kräftig damit gegen die Wand. (Das ist die universelle Sprache für »Ruhe da drüben«.)

5. KAPITEL

DATING, LIEBE UND SEX

Diese Themen haben es so an sich, dass sie die Unsicherheiten der Menschen zu Tage fördern – jeder will geliebt werden, aber so vieles kann schiefgehen und das Potenzial an Fehldeutungen und Missverständnissen ist groß. Was nun folgt, ist ein Wegweiser durch die kritischsten Aspekte der Beziehungs-Etikette – vom Finden der Liebe bis zum Loslassen.

DIE LIEBE FINDEN: KONTAKTANZEIGEN

Sie haben genug von den üblichen Treffpunkten für Singles? Es gibt alternative Möglichkeiten, Leute zu treffen. Viele Zeitungen und Webseiten veröffentlichen Kontaktanzeigen, zum Beispiel das wöchentliche Lokalmagazin Ihrer Stadt oder diverse Onlinedating-Plattformen. Doch den richtigen Ort für die eigene Anzeige zu finden ist erst der Anfang. Was sollen Sie denn dann reinschreiben und wie reagieren Sie auf Antworten? Hier sind einige Hinweise:

1. Geben Sie die Anzeige in der Zeitschrift oder auf der Webseite auf, die Sie am häufigsten lesen und von der Sie sich vorstellen können, dass Ihr Zukünftiger oder Ihre Zukünftige sie ebenfalls liest.
2. Geben Sie die Anzeige nur auf, wenn Sie ernsthaft daran interessiert sind, dadurch Ihren Partner zu finden. Missbrauchen Sie sie nicht für ein soziales Experiment.

3. Lügen Sie in Ihrem Anzeigentext nicht – keine Übertreibungen in Bezug auf körperliche Eigenschaften, intellektuelle Fähigkeiten oder bisherige Jobs. Im Lebenslauf mag es in Ordnung sein, die Wahrheit ein wenig auszuschmücken, aber hier spielen Sie mit den Gefühlen anderer Menschen.
4. Sie sollten angeben, wie alt Sie sind, welche Interessen Sie haben, was Sie auf die Palme bringt und was Sie sich von einem Partner wünschen.
5. Lesen Sie die Anzeige ein paar Freunden vor, um deren Feedback zu bekommen, ob die Beschreibung auf Sie passt.
6. Wenn Sie sich dazu entschließen, auf eine Anzeige zu antworten oder ein Date mit jemandem zu vereinbaren, der auf Ihre Anzeige geantwortet hat, sollten Sie sich an einem neutralen Ort und für einen begrenzten Zeitraum verabreden. Treffen Sie sich auf einen Kaffee oder einen Drink. Sollte sich herausstellen, dass Sie die andere Person mögen, können Sie Ihr nächstes Date länger und intimer gestalten, wie zum Beispiel mit einem Abendessen und einem Film.

DIE ERSTEN DATES

Das ist Ihre Chance, auf die Person, die Sie bisher nur aus der Ferne angehimmelt haben, einen guten Eindruck zu machen. Egal, ob Sie die Initiative ergriffen haben oder der andere, behalten Sie folgende Tipps im Hinterkopf:

Sie haben genug von den üblichen Treffpunkten für Singles? Es gibt alternative Möglichkeiten, Leute zu treffen.

1. Wenn Sie sich mit jemandem für ein Date verabreden, sagen Sie auch ganz klar, dass es ein Date ist – keine vagen Formulierungen, die der andere als kumpelhafte Einladung zum Biertrinken missverstehen könnte.
2. Das erste Date sollte etwas Feierliches haben, zumindest sollte der Eindruck entstehen, dass der Einladende sich vorher Gedanken darum gemacht hat. Planen Sie das Treffen im Voraus,

damit es nicht zu unangenehmen Situationen folgender Art kommt: »Ich weiß auch nicht, wo möchtest du denn hingehen?«

3. Eine gute Wahl für das erste Date ist eine kulturelle Veranstaltung wie ein Theater-, Kino- oder Museumsbesuch. So können Sie auf neutralem Boden Meinungen austauschen – und möglicherweise auch Ihre Begleitung mit der Wahl der Veranstaltung beeindrucken.
4. Meiden Sie Restaurants, in denen Essen zur Herausforderung wird: nichts Mexikanisches (tropfende Fajitas), kein Sushi (zu große Makis, die einem halb aus dem Mund hängen), kein Restaurant, in dem man mit Stäbchen essen muss (vor Nervosität könnte das Koordinationsvermögen aussetzen), und keines, in dem man mit den Händen isst (die Gefahr, dass was danebengeht, ist groß).
5. Reden Sie beim ersten Date nie von Ihren Ex-Partnern (sparen Sie sich das Thema für einen späteren Zeitpunkt in der Beziehung auf, falls es dazu kommt).
6. Sehen Sie davon ab, über Geschlechtskrankheiten (da unangemessen und abtörnend) oder andere Krankheiten und Gebrechen zu reden. Auch Einzelheiten über Ihre Familienkonflikte, jegliche Preise oder Auszeichnungen, die Sie in der Schule gewonnen haben, Ihre finanzielle Situation, Haustiere, frühere Ehen, Kinder, Ihre Zeit im Knast sind tabu.

7. Gehen Sie nicht davon aus, dass Ihre Begleitung die Rechnung begleichen wird, nur weil er beziehungsweise sie Sie eingeladen hat. Nehmen Sie für alle Fälle auch etwas Bargeld mit (das kann sich auch als praktisch erweisen, wenn Sie einen schnellen Abgang machen müssen). Sind Sie derjenige, der eingeladen wurde, folgen Sie, wenn die Rechnung kommt, dem Beispiel Ihrer Begleitung: Falls er Anstalten macht, die gesamte Rechnung zu bezahlen, bieten Sie ihm an, sich zu beteiligen. Auch wenn er es eigentlich ablehnen müsste, sollten Sie aus Höflichkeit dennoch fragen.

Sich schick machen fürs erste Date

Am wichtigsten bei der ersten Begegnung sind Körperhygiene und ein gepflegtes Äußeres: kein übler Körpergeruch, keine abstehenden Ohren- oder Nasenhaare, kein Dreck unter den Fingernägeln oder hinter den Ohren.

Zu diesem Zweck sollten Sie sich am entsprechenden Tag mit duftendem Duschgel waschen oder ein Bad nehmen und sich mithilfe der entsprechenden Werkzeuge – Rasierer, Nasenhaartrimmer, Pinzette – verirrter Haare entledigen. Hautunreinheiten sind manchmal schwer zu kaschieren – Frauen können mit Make-up ihr Bestes tun, Männer sollten Pickel gegebenenfalls vorher ausdrücken.

Fragen Sie sich, was für ein Bild Sie von sich selbst vermitteln wollen.

Frauen: Fragen Sie sich, was für ein Bild Sie von sich selbst vermitteln wollen. Viele setzen bei der Kleiderwahl fürs erste Date auf Zurückhaltung, also nicht allzu sexy oder exotisch, um das Gegenüber nicht abzuschrecken oder einzuschüchtern.

Was immer funktioniert, ist die Kombination eines dezenten Outfits mit sexy Schuhen. Wenn jedoch ein etwas konservativerer Stil den Grundsätzen Ihres individuellen Stils widerspricht, dann kleiden Sie sich eben so, wie Sie es immer tun. Bedenken Sie aber, dass Sie dadurch möglicherweise eine besonders schüchterne oder leicht zu verunsichernde Verabredung abschrecken. Hier sind einige Basics: kein Dekolleté (weder Busen noch Hintern); übertreiben Sie es nicht mit Make-up und Parfum; Röcke sollten die Oberschenkel bedecken; halten Sie sich an neutrale Farben, die Ihnen schmeicheln; elegante, weiche Stoffe wie Mohair, Kaschmir oder Samt sind immer eine gute Wahl.

Männer: Da sie weniger Optionen haben, ist die Kleiderfrage für Männer einfacher zu lösen als für Frauen – dennoch kann ein kleiner Fehltritt schnell zu einem Fall für die Modepolizei werden. Halten Sie sich am besten an ein neutrales Outfit – ein Hemd und ein Paar schicke Hosen, dunkle Socken und vorzeigbare Schuhe. Hier sind einige Basics: Übertreiben Sie es nicht mit dem Rasierwasser; frisch rasiert macht sich im Allgemeinen besser als unrasiert; zeigen Sie keine Brusthaare; sparen Sie sich die witzig bedruckten Krawatten für später auf (viel später); tragen Sie keine Capri-Hosen, Männersandalen oder Herrenhandtaschen.

VERABREDUNG MIT EINEM ODER EINER EX-BESESSENEN

Angenommen, Sie sind ein Mann und treffen sich mit einer Frau, die während des Dates immer wieder auf ihn zu sprechen kommt. »Mein Ex, Iggy, hat dieses Restaurant gehasst« – und dann grinst sie, als würde sie irgendwie gegen ihn rebellieren, indem sie jetzt wieder dorthin geht. Vorsicht! Ihr Verhalten zeigt, dass Sie nicht über ihren Ex hinweg ist. Vielleicht versucht sie noch immer, es ihm heimzuzahlen, und benutzt Sie als Mittel zum Zweck. Sollte es dazu kommen, dass Sie in ihre Wohnung gehen, werden Sie vielleicht sogar eingerahmte Bilder von Iggy im Bücherregal oder, schlimmer noch, neben ihrem Bett vorfinden. Dieses Date ist der totale Reinfall – warum sollten Sie also nicht ein wenig Spaß haben und den Therapeuten spielen?

1. Sondieren Sie zunächst die Lage. Bringen Sie die Eckdaten in Erfahrung: Wie lange ist es her, dass sie und Iggy sich getrennt haben? Sind sie noch Freunde?
2. Geben Sie ihr einen Hinweis: »Also, Susi, wenn man bedenkt, dass du und Iggy euch vor sechs Monaten getrennt habt, solltest du inzwischen wirklich über ihn hinweg sein oder jedenfalls besser damit zurechtkommen.«
3. Erklären Sie ihr, was sie braucht: »Du musst damit abschließen. Vielleicht musst du ja erst von Iggy hören, dass es endgültig vorbei ist.«

4. Bewahren Sie andere arme Kerle davor, in die gleiche Situation zu kommen: »Was immer du tust, lass dich nicht auf weitere Dates ein, solange du nicht über diesen Typen hinweg bist.«
5. Gehen Sie raus und suchen Sie sich eine, die nicht noch an ihrem Ex hängt.

UMGANG MIT EINEM GEIZKRAGEN

Einer langjährigen Tradition gemäß sollte man davon ausgehen, dass sich die Person, die zum Date einlädt, für die Rechnung zuständig fühlt. Natürlich kann man sich individuell auf etwas anderes einigen, vielleicht möchte der Eingeladene seinen Teil der Rechnung auch gern selbst begleichen.

Falls diese Frage jedoch nicht diskutiert wurde und Ihre Begleitung versucht, Ihnen die Vor- oder Nachspeise auszureden und das billigste Hauptgericht schmackhaft zu machen, sieht alles danach aus, dass Sie nicht zu einem schönen Abendessen eingeladen wurden. Sehr wahrscheinlich werden Sie sich die Rechnung teilen. (Möglicherweise wird der andere Sie doch noch überraschen, wenn er seinen Taschenrechner zückt und ausrechnet, wie viel Sie bezahlen müssen.) Seien Sie vorbereitet.

1. Nehmen Sie immer genügend Bargeld mit – für den Fall, dass Sie in eine unangenehme Situation wie diese kommen oder schnell die Flucht ergreifen müssen.

2. Wenn die Rechnung gebracht wird, lassen Sie Ihrer Verabredung den Vortritt – immerhin ist er derjenige, der Sie eingeladen hat.
3. Wenn er anfängt, seinen eigenen Teil auszurechnen, und Sie nach Ihrem fragt, bleibt Ihnen nichts anderes übrig, als ihn zu begleichen.

Wenn die Episode bei Ihnen einen üblen Nachgeschmack hinterlässt, kürzen Sie das Date ab. Erzählen Sie Ihrer Begleitung, Sie hätten noch eine weitere Verabredung, die Sie bis zu dem Zeitpunkt vollkommen vergessen hätten.

Alternativ können Sie sich auch ein wenig auf seine Kosten amüsieren, falls Sie die geizige Person ganz sicher nicht wiedersehen möchten: Sobald Sie es kommen sehen – »Die Vorspeisen sind vollkommen überteuert!« und »Du solltest wirklich keinen Alkohol trinken. Wie wäre es mit einem schönen, eiskalten Wasser?« –, sorgen Sie für eine saftige Rechnung. Vorspeise? Oh ja, unbedingt, einem guten Shrimpscocktail kann ich nie widerstehen. Wein? Aber gern, Ihren besten weißen Hauswein. Der Hummer sieht fantastisch aus. Und zum Nachtisch das Schokoladensoufflé. Beobachten Sie vergnügt, wie Ihrem Gegenüber fast die Augen aus dem Kopf treten und sich Schweißtropfen auf seiner Stirn bilden, während er in seinem Kopf die astronomische Rechnung addiert.

DAS BEKENNTNIS »ICH LIEBE DICH«

Das »Ich liebe dich«-Problem! In jeder Situation gestaltet es sich anders und ist im Grunde dennoch immer das gleiche. Sind Sie wirklich bereit dafür, als Erster »Ich liebe dich« zu sagen, sich dadurch verletzlich zu machen und die Kontrolle abzugeben, das Gefühl, alles in der Beziehung »im Griff zu haben«? Lieben Sie die andere Person tatsächlich? Was ist Liebe überhaupt und wie können Sie wissen, ob es Liebe ist? Hier sind ein paar Richtlinien.

1. Wenn Sie können, versuchen Sie, nicht als Erster »Ich liebe dich« zu sagen. Das setzt den Maßstab für die Beziehung, Sie wollen aber die Kontrolle behalten und sie nicht komplett abgeben.
2. Sagen Sie nicht »Ich liebe dich«, weil Sie Sex haben wollen. Das ist der Gipfel der Geschmacklosigkeit.
3. Es gibt einen Unterschied zwischen »Verliebtsein« und »Liebe«. Warten Sie damit, »Ich liebe dich« zu sagen, bis Sie aus den Flitterwochen zurück sind, die Verliebtheitsphase hinter sich haben (normalerweise drei Monate) und im richtigen Beziehungsleben angekommen sind – wenn Sie die rosarote Brille abgesetzt haben und wieder klar denken können.
4. Antworten Sie nicht aus Pflichtgefühl auf das Geständnis mit »Ich liebe dich auch«, wenn Sie es nicht wirklich so meinen. Warten Sie mit der Erwiderung, bis Sie sich auch wirklich sicher sind, dass es stimmt.

Wie Sie merken, dass Sie jemanden lieben

1. Bei der Aussicht darauf, ihn oder sie zu sehen, schlägt Ihr Herz schneller.
2. Sie können sich vorstellen, wenn nicht Ihr ganzes Leben, so doch eine sehr lange Zeit mit ihm oder ihr zusammen zu sein.
3. Er oder sie behandelt Sie extrem gut, mit Respekt und Rücksicht.
4. Sie hatten Ihren ersten Streit und haben ihn zu einem guten Ende gebracht, indem Sie sich gegenseitig zugehört und Kompromisse gefunden haben.
5. Er oder sie bringt Sie zum Lachen.

ETIKETTE-TIPP: *»Ich liebe dich« zu sagen ist eine Zuneigungsbekundung, die persönlich überbracht werden sollte – machen Sie nicht den Fehler, zu kneifen und Ihre Liebeserklärung per E-Mail abzuschicken.*

SEX-ETIKETTE

Angenommen, Ihr Date läuft gut, geht bis spät in die Nacht und zieht ein weiteres und dann noch eines nach sich: Dann werden Sie sich sehr bald mit dem heiklen Thema Sex auseinandersetzen müssen. Menschen haben in Sachen Sex die unterschiedlichsten persönlichen Regeln. Für die einen ist Sex beim ersten Date überhaupt kein Problem, für andere ist ein kleiner Kuss auf die Wange das

Höchste der Gefühle. Wieder andere halten sich an eine Dreimonatsregel. Manche sind davon überzeugt, dass man es besser relativ früh hinter sich bringt, damit man weiß, worauf man sich im Falle einer Beziehung einlässt.

Verwirrt? Hier sind einige erprobte Regeln:

1. Kein Sex beim ersten Date. Sie kennen die Person nicht wirklich gut genug, um Körperflüssigkeiten mit ihr auszutauschen.
2. Wie weit sollten Sie beim ersten Date gehen? Nicht weiter als bis zu einem unschuldigen Kuss (ohne Zunge). Eine Ausnahme wäre, wenn Sie mit der Person schon eine Weile befreundet waren, bevor Sie anfingen zu daten, und daher eine gemeinsame Geschichte haben.
3. Wann sollten Sie Sex haben? Wenn Sie unter 18 sind – noch nicht. Sind Sie über 18 – wenn so viel Zuneigung, Anziehung und Vertrauen vorhanden sind, wie Sie brauchen.
4. Sagen Sie im Voraus, ob Sie bereit dafür sind oder nicht. Wenn Ihr Partner auf Sex aus zu sein scheint, Sie aber noch nicht so weit sind, sagen Sie ihm explizit, dass an dem Abend nichts passieren wird.
5. Bevor Sie Sex haben, reden Sie offen über vergangene oder aktuelle Geschlechtskrankheiten und darüber, ob Sie einen HIV-Test gemacht haben.
6. Überlegen Sie sich gemeinsam, wie Sie verhüten wollen und wer sich darum kümmert.

ETIKETTE-TIPP: *Wenn Sie in die Wohnung Ihres Partners gegangen sind, ist es angebracht, die Nacht über dort zu bleiben. Seien Sie ein anständiger Übernachtungsgast: Nehmen Sie nicht das ganze Bett für sich in Anspruch, klauen Sie nicht die Bettdecke und schnüffeln Sie nicht im Medizinschränkchen herum.*

Der Fetischist

Sie sind erwachsen und wissen, dass manche Menschen Fetische haben. Nur haben Sie nicht damit gerechnet, dass diese bestimmte Person einen hat. Wie reagieren Sie, wenn Ihr Partner oder Ihre Partnerin etwas von Ihnen möchte, das nicht so Ihre Sache ist?

1. Denken Sie über die Situation nach: Wie viel liegt Ihnen an dieser Person?
2. Denken Sie über den Fetisch nach. Wie seltsam ist er? Könnten Sie sich vorstellen, ab und zu dabei mitzumachen?
3. Wenn Sie die Fragen eins und zwei mit Nein beantwortet haben, ist es an der Zeit, den anderen zu verlassen. Es ist für keinen von beiden fair, eine Beziehung weiterzuführen, in der er oder sie sich unbefriedigt fühlt und Sie sich ausgenutzt vorkommen. (Siehe weiter unten: »Schluss machen«.)
4. Wenn Sie die Fragen eins und zwei – wenn auch zögerlich – mit Ja beantwortet haben, heißt das, Sie sind offen für etwas Neues. Lassen Sie

Ihren Partner wissen, dass Sie eine Einführung brauchen. Möglicherweise finden Sie einen Weg, bestimmte Sachen, die Sie nicht so mögen, durch etwas anderes zu ersetzen, das Ihnen weniger unangenehm ist.

SCHLUSS MACHEN

Um das Klischee gleich auszusprechen, damit wir es hinter uns lassen können: Trennungen sind schwer. Gut, dann können wir jetzt weitermachen. Gründe für Trennungen gibt es viele: Manche sind vollkommen gerechtfertigt (sie hat Sie betrogen), andere wiederum nicht (er hat zu viele Emoticons in den E-Mails benutzt). Doch wie auch immer, es gibt angebrachte und unangebrachte Arten, Schluss zu machen. Hier sind einige essenzielle Regeln:

1. Reden Sie ehrlich über Ihre Gefühle. Versuchen Sie nicht, Ihren Partner dazu zu bringen, zuerst Schluss zu machen.
2. Machen Sie richtig Schluss – verschwinden Sie nicht einfach in eine andere Stadt oder in ein anderes Land oder ändern Ihre Telefonnummer, um einer Konfrontation zu entgehen.
3. Machen Sie Ihre Gründe deutlich und seien Sie mit der Formulierung so vorsichtig, wie Ihr zukünftiger Ex-Partner sensibel ist.
4. Sprechen Sie an, wie Sie weitermachen möchten, damit der andere weiß, was ihn erwartet. Zum

Beispiel: »Ich halte es in unserem Fall nicht für realistisch, dass wir Freunde bleiben können.«

5. Beenden Sie die Beziehung persönlich, nicht am Telefon, nicht in einem Brief und schon gar nicht per E-Mail.

HILFE SUCHEN: ETIKETTE BEIM PSYCHIATER

Nach einer Trennung – egal, ob man den anderen verlassen hat oder selbst verlassen wurde – suchen wir oft an ganz unterschiedlichen Stellen Unterstützung bei der Überwindung dieser schwierigen Phase. Freunde und Familie haben ganz sicher ein offenes Ohr und können Trost spenden. Doch für die Zeit, in der Sie zusätzliche Unterstützung brauchen, ist ein guter Therapeut Gold wert.

Der Sache nach bezahlen Sie Ihren Therapeuten zwar dafür, dass er Ihr Freund ist, allerdings ist Ihre Beziehung zu ihm keine freundschaftliche. (Sie zahlen ja diese Gebühr, und wenn Sie am Ende einer tränenreichen Sitzung das Scheckheft zücken, werden Sie schon ziemlich abrupt in die Realität zurückgeworfen.) Doch wie findet man einen guten Therapeuten? Wie stehen Sie die Zeit im Wartezimmer durch? Und wie schaffen Sie es, sich schließlich wieder von Ihrem Therapeuten zu trennen?

Hier sind die Basics:

1. Gehen Sie niemals zu einem Therapeuten, der auch einen Freund von Ihnen behandelt. Wenn es sich absolut nicht vermeiden lässt, achten Sie darauf, während der Sitzungen nicht über diesen Freund zu sprechen.
2. Stellen Sie Ihrem Therapeuten keine Fragen über sein Privatleben. Das ist Ihre Therapie und Sie zahlen pro Stunde.
3. Erzählen Sie keine Lügen, um bestimmte Medikamente verschrieben zu bekommen.
4. Weinen Sie und schreien Sie und brechen Sie zusammen – dazu sind die Taschentücher und das weiße Rauschen in der Geräuschtherapie gedacht.
5. Mustern Sie weder die anderen Patienten im Wartezimmer noch diejenigen, die Ihnen entgegenkommen, wenn Sie hineingehen, um Ihre Sitzung zu beginnen. Direkter Blickkontakt könnte anderen Patienten unangenehm sein.
6. Reden Sie ausschließlich mit Ihrer Familie oder engen Freunden über die Sitzungen. (Fangen Sie lieber keinen Satz mit »Mein Therapeut sagt …« an.)
7. Wenn Sie das Gefühl haben, dass Sie so viel von der Therapie profitiert haben wie möglich, oder wenn Sie der Meinung sind, dass es nicht funktioniert, seien Sie ehrlich und beenden Sie die Therapie.

Wie Sie sich von Ihrem Therapeuten trennen

Nachdem Sie regelmäßig zu Ihren Sitzungen gegangen sind und sich mit Ihren »Problemen« auseinandergesetzt haben, wird für Sie vielleicht der Zeitpunkt kommen, an dem Sie es allein versuchen wollen. Diese spezielle Arzt-Patient-Beziehung beenden Sie am besten folgendermaßen:

1. Setzen Sie für sich selbst den Termin für Ihre letzte Sitzung fest.
2. Teilen Sie Ihrem Therapeuten ein paar Sitzungen vor diesem Termin mit, dass Sie daran denken, die Behandlung zu beenden.
3. Halten Sie an Ihrer Entscheidung fest. Wenn Sie einen guten Therapeuten haben, wird er Ihren Wunsch respektieren und vorschlagen, wie Sie die verbleibende gemeinsame Zeit gut nutzen können.

Wenn Ihr Therapeut Sie nicht gehen lässt

Möglicherweise ist Ihr Therapeut in Klienten- und Geldnot, weshalb er Sie nicht gehen lassen will. Verrät seine Reaktion Verzweiflung? Wird sein Büro immer wüster, seine Kleidung unordentlicher? Es kann sein, dass er Angst hat, Sie zu verlieren. In diesem Fall wird er Sie dazu überreden, weiterzumachen. Und seinem Therapeuten zu widersprechen ist nicht so leicht – er weiß genau, welche Schalter er betätigen muss.

1. Stehen Sie zu Ihrer Entscheidung, verwenden Sie Formulierungen wie »ich bin überzeugt«, »ich bin mir sicher« und »ich habe mich entschieden«.
2. Wenn er beginnt, Gründe aufzuzählen, weshalb Sie bleiben sollten, hören Sie ihm zu und erklären Sie ihm: »Ich weiß Ihr Engagement zu schätzen, aber ich bleibe bei meiner Entscheidung. Wir sind am Ende angekommen.«
3. Wenn die Situation unangenehm wird, machen Sie diese Sitzung zu Ihrer letzten. Ihr Therapeut stellt Ihre Interessen offenbar nicht in den Vordergrund, daher gibt es auch keinen Grund für Sie, bei ihm zu bleiben.

6. KAPITEL

AUSGEHEN

Es kann Ihr Sitznachbar im Kino sein, der unentwegt mit Bonbonpapier raschelt, oder auch der Typ, der beim Konzert neben Ihnen steht und nicht anders kann, als bei jedem Lied mitzusingen. Vielleicht versucht auch irgendein betrunkener Idiot in der Bar, Sie abzuschleppen, oder der Kellner ist unglaublich unverschämt. Es kann auch passieren, dass die Leute neben Ihnen Ihr Gespräch belauschen. Wie auch immer, es gibt eine einzige wirklich wichtige Regel, die für jede Art von Veranstaltung gilt: Amüsieren Sie sich, ohne dabei andere davon abzuhalten, sich ebenfalls zu amüsieren.

IM KINO

Störende Geräusche wie Papierrascheln, lautes Reden oder Schmatzen haben im Kino nichts verloren, nachdem der Film angefangen hat.

Um den Kinobesuch so angenehm wie möglich zu gestalten, beachten Sie folgende grundsätzliche Regeln der Kino-Etikette:

1. Wenn Sie sich einen Platz aussuchen, achten Sie darauf, dass Ihr Hintermann noch etwas sehen kann. Sollten Sie zwei freie Plätze zur Auswahl haben – einen vor und einen neben einem anderen Besucher – entscheiden Sie sich für letzteren.

2. Schalten Sie alle elektronischen Geräte, inklusive Computer und Telefone, aus, bevor die Vorschau beginnt.
3. Denken Sie daran, Ihren Hut oder sonstige Accessoires abzulegen, mit denen Sie die Sicht der Besucher hinter Ihnen blockieren.
4. Falls der Kinosaal voll ist, nehmen Sie Ihre Sachen von den leeren Sitzen, damit andere sich setzen können.
5. Packen Sie Schokoriegel und andere Süßigkeiten mit knisternden Verpackungen aus, bevor der Film beginnt; falls Sie es während des Films nicht lassen können, entfernen Sie die Verpackung schnell – möglichst wenn gerade eine Actionszene läuft.
6. Sehen Sie davon ab, sich zu unterhalten, solange der Film läuft.
7. Wenn Sie Popcorn essen, greifen Sie so geräuschlos wie möglich in die Tüte. Versuchen Sie, während einer ruhigen Szene ein paar Sekunden an dem Popcorn zu lutschen, bevor Sie kauen, um laute Geräusche zu vermeiden.
8. Versuchen Sie nicht, den letzten Tropfen Ihres Getränks durch den Strohhalm zu schlürfen, und beißen Sie nicht auf die Eiswürfel.
9. Nehmen Sie am besten niemals Plastiktüten mit ins Kino; falls es sich absolut nicht vermeiden lässt, kramen Sie während des Films nicht darin herum.
10. Sollten Sie den Film schon mehrmals gesehen haben, fangen Sie nicht an, Dialoge mitzuspre-

chen oder vorwegzunehmen – andere Zuschauer im Saal sehen den Film zum ersten Mal.

11. Schreien Sie die Figuren auf der Leinwand nicht an und versuchen Sie auch nicht, auf andere Weise mit ihnen zu kommunizieren.
12. Fahren Sie bei 3-D-Filmen nicht aus Ihrem Sessel hoch, um den Special Effects auszuweichen. Falls Sie zu solchen Reaktionen neigen, ist es sicherlich eine gute Idee, zur Übung vorher ein paar 3-D-Filme zu Hause anzuschauen, bevor Sie ins Kino gehen.

UMGANG MIT KINOGÄSTEN, DIE LAUT ESSEN ODER STÄNDIG REDEN

Wer war nicht irgendwann einmal selbst der Ruhestörer im Kino? Hoffentlich hat Ihnen jemand einen bösen Blick zugeworfen oder ein genervtes Ssssch! in Ihre Richtung von sich gegeben – was Sie auch tun sollten, wenn jemand in Ihrer Nähe zu laut auf seinem Popcorn herumkaut oder ständig gut hörbar flüstert: »Was hat er gesagt?« oder »Wer ist das?« oder »Was ist gerade passiert?«. Folgen Sie diesen simplen Schritten, um die Person möglichst geschickt zur Ordnung rufen.

1. Blicken Sie sich kurz um, um sicherzugehen, dass Sie die richtige Person ins Visier nehmen.
2. Drehen Sie Ihren Kopf in ihre Richtung.

3. Fixieren Sie sie, ziehen Sie die Augenbrauen zusammen und werfen Sie ihr einen strengen und zurechtweisenden Blick zu.
4. Starren Sie den Betreffenden etwa drei Sekunden lang an.
5. Sollte er es noch immer nicht verstanden haben, wiederholen Sie Schritt zwei bis vier und fügen Sie ein kurzes Ssssch! an. Falls Sie keine Angst vor einer Eskalation – oder vor versteckten Waffen – haben, können Sie auch deutlich, aber höflich, mit leiser Stimme sagen: »Seien Sie bitte still« oder »Hören Sie auf, gegen meinen Sitz zu treten«.
6. Wenn gar nichts hilft, müssen Sie sich möglicherweise einen anderen Platz suchen (falls es einen gibt) oder aber einen freundlichen Mitarbeiter bitten, den Ruhestörer zurechtzuweisen.

DER KINOBESUCHER MIT DEN FÜSSEN AUF DEM SITZ

Sie machen es sich in Ihrem Sessel bequem, hängen Ihre Jacke ordentlich über die Lehne, stellen Ihr Getränk in den Getränkehalter und stecken sich Popcorn in den Mund. Das Leben ist schön: Sie werden gleich einen Film sehen, der gute Kritiken bekommen hat, das Popcorn ist salzig und es wurde nicht an Butter gespart. Doch dann besitzt jemand die Frechheit, sich in die Reihe hinter Ihnen zu schleichen und seine Füße auf der Rückenlehne Ihres Sessels abzulegen. Die dreckigen Turnschuhe sind nur wenige Zentimeter von Ihrem Kopf entfernt und berühren Ihre nagelneue Jacke, die Sie sorgfältig über Ihren Sessel gehängt haben. Außerdem rutscht er ständig hin und her, sodass Sie wie auf hoher See durchgeschüttelt werden und Ihnen übel wird. Versuchen Sie es mit folgendem Ansatz:

1. Setzen Sie sich in Ihrem Sessel auf und drehen Sie sich nach dem Störenfried um.
2. Nehmen Sie Blickkontakt mit der Person auf und bitten Sie sie, ihre Füße von Ihrer Lehne zu nehmen.
3. Erklären Sie ihr, warum: »Sie machen meine Jacke dreckig, Ihre Füße sind nur ein paar Zentimeter von meinem Kopf entfernt und Sie schubsen mich in meinem Sessel vor und zurück.«
4. Falls es in der Nähe einen freien Platz gibt, zeigen Sie darauf und sagen Sie: »Wenn Sie sich ein paar Plätze weiter weg setzen, wird niemand vor Ihnen sein, so können wir uns beide entspannt den Film ansehen.«

Die offensive Variante:

1. Stellen Sie Ihre Tüte Popcorn, Ihr Getränk oder was auch immer Sie in der Hand haben, ab. Drücken Sie die Sachen entweder Ihrem Begleiter in die Hand oder verstauen Sie sie im Getränkehalter.
2. Strecken Sie den rechten oder linken Arm (den stärkeren) in die Höhe, als würden Sie sich im

Nehmen Sie Blickkontakt mit der Person auf und bitten Sie sie, ihre Füße von Ihrer Lehne zu nehmen.

Unterricht melden, nur mit der Handfläche nach hinten.

3. Wenn Ihr Arm ganz gestreckt ist, sodass Ihr Ellbogen fast Ihr Gesicht berührt, lassen Sie Ihre Hand auf die Füße hinter Ihnen heruntersausen.
4. Verpassen Sie ihnen einen ordentlichen Schlag.
5. Wiederholen Sie diese Bewegung so oft wie nötig.

SMARTPHONES UND ANDERE ELEKTRONISCHE STÖRENFRIEDE

Sind Sie jemals in einem Gerichts- oder Regierungsgebäude gewesen, in denen am Eingang kontrolliert wird, ob Telefone, Pager, Kameras etc. ausgeschaltet sind? Gemessen an den vielen leuchtenden Displays im Kinosaal sollte man vielleicht überlegen, dieses Prozedere auch im Kino einzuführen. Aber bis es so weit ist, dass ein solches Gesetz verabschiedet wird, müssen Sie das Problem selbst in Angriff nehmen.

Für Tipps, wie Sie mit bösen Blicken zum Ziel kommen, lesen Sie auf Seite 184 nach. Sollte dieser Ansatz scheitern, suchen Sie sich einen anderen Platz. Es sind keine guten Plätze mehr frei? Probieren Sie eine direktere Taktik.

1. Falls der Störenfried leicht zu erreichen ist (wenn Sie beispielsweise beide einen Gangplatz haben oder er in einer leeren Reihe sitzt) und nicht wie ein Gewalttäter aussieht, stehen Sie auf und gehen Sie auf ihn zu.

2. Schildern Sie ihm, was genau das Problem ist: »Hören Sie, Ihr Display leuchtet sehr hell und es ist so gut wie unmöglich, es nicht aus dem Augenwinkel wahrzunehmen. Und das geht sicherlich allen so, die um Sie herum sitzen. Es wäre wirklich nett von Ihnen, wenn Sie das [Namen des Geräts hier einfügen] weglegen würden, bis der Film vorbei ist.«
3. Sollten Sie damit nichts erreichen, gehen Sie hinaus und wenden Sie sich an einen freundlichen Mitarbeiter. Richtig: Verpetzen Sie ihn.

KONZERTE

Es gibt so viele verschiedene Arten von Konzerten, wie es Musikrichtungen gibt: Punk, Soul, Hip-Hop, New Soul, New Wave, Rap, Klassik, Country, Rockabilly, Folk etc.

Und für jedes Genre gelten unterschiedliche, manchmal ganz subtile Verhaltensregeln. Bei einem Countrykonzert zum Beispiel kann der Cowboy seinen riesigen Hut ruhig auflassen, auch wenn die Leute hinter ihm dann nichts mehr sehen. Sich mit dem Hut auf dem Kopf ein klassisches Konzert anzuhören ist dagegen absolut tabu. Und denken Sie gar nicht erst daran, bei einem Folkkonzert einen Pogopit zu starten.

Wenn Sie diese Hinweise im Hinterkopf behalten, können Sie sich an folgenden grundlegenden Regeln für Konzertbesucher orientieren:

1. Singen Sie nicht laut mit dem Solisten mit, egal, was für ein Konzert Sie besuchen (es sei denn, es wird ausdrücklich zum Mitsingen aufgefordert).
2. Halten Sie sich bei klassischen Konzerten mit dem Klatschen zurück, bis das gesamte Stück zu Ende ist – klatschen Sie nicht schon nach den einzelnen Sätzen.
3. Sollten Sie bei einer Rockballade Lust bekommen, Ihr Feuerzeug auszupacken, achten Sie darauf, dass Sie es hoch genug halten und nicht aus Versehen jemandem in Ihrer Nähe die Haare anzünden.
4. Pogen Sie nur zu passender Musik.
5. Bleiben Sie auf oder vor Ihrem Platz stehen, auch wenn die Musik Sie noch so mitreißt. (Das heißt: Heben Sie sich spontane Luftgitarrensoli und das Stürmen der Bühne für nach der Show auf.)

POGO

In Situationen, in denen Pogopits angebracht sind – bei einem Beastie-Boys-Konzert zum Beispiel –, folgen Sie diesen Pogotipps:

1. Bleiben Sie entspannt und konzentrieren Sie sich auf die Musik. So können Sie in Ihrem eigenen Groove bleiben und sich dazu bewegen. Das ist

besser, als sich auf die Leute zu konzentrieren, die Sie beim Pogo anrempeln (was Racheinstinkte in Ihnen wecken könnte).

2. Die Idee beim Pogo ist, sich von den anderen abprallen zu lassen, und nicht, auf sie loszugehen wie ein Stier auf den Matador.
3. Wenn jemand hinfällt, seien Sie der Erste, der ihm zu Hilfe eilt. Sorgen Sie mit dafür, dass bei dem ganzen Spaß niemand zu Boden getrampelt wird.
4. Wenn Ihnen der Körperkontakt im Pogopit zu viel wird, stellen Sie sich an den Rand, wo Sie noch immer mittendrin sind, ohne körperlich beteiligt sein zu müssen. Diese Taktik ist vor allem dann klug, wenn sich herausstellt, dass die anderen Leute im Pogopit viel größer sind als Sie.
5. Machen Sie sich nicht die Nähe und das Durcheinander zunutze, um Frauen oder Männer zu belästigen und anzugrabschen.

Ein Pogo-Glossar

Pogo: Ein Tanz, den Leute aufführen, wenn sie vollkommen von der Musik ergriffen sind. Allgemeiner Begriff für das, was sich im Pogopit abspielt.

Stagediving und Crowdsurfing: Zwischen den beiden besteht eine symbiotische Beziehung – das eine folgt auf das andere. Nachdem ein Fan es auf die Bühne geschafft hat und in die wartende Menge eintaucht, wird er über ihren Köpfen auf Händen weitergetragen, daher der Begriff »Crowdsurfing«.

Pogo am falschen Ort

Sie stehen beim James-Taylor-Konzert in der ersten Reihe. Der legendäre Singer/Songwriter stimmt »Steamroller« an, zugegeben einer seiner schnelleren Songs. Plötzlich bohrt Ihnen der Typ neben Ihnen seinen Kopf in den Arm. Sie reagieren bemüht höflich und tun so, als wäre nichts geschehen. Aber dann belästigt er Sie noch einmal. Offenbar will er einen Pogopit anfangen und beginnt bei Ihnen.

Wurde er vielleicht von seinen Eltern dorthin geschleppt, wäre in Wirklichkeit aber viel lieber bei einem Heavy-Metal-Konzert? Oder versucht er die Friede-Freude-Eierkuchen-Stimmung zu unterwandern? Wie auch immer, irgendjemand muss ihn davon abhalten.

1. Wenn Sie ihn aus dem Augenwinkel wieder auf Sie zuspringen sehen, gehen Sie einen Schritt zurück.
2. Er wird Sie verfehlen und in Ihren Nebenmann reinspringen.
3. Bleiben Sie, wo Sie sind, damit Sie nicht weiter angesprungen werden.

STAGEDIVING

Wenn Pogo das ist, was passiert, wenn Leute vollkommen von der Musik ergriffen sind, dann ist Stagediving die Kulmination der Leidenschaft eines Fans. Es ist absolut verständlich, dass ein Fan a) der Band nahe sein will und b) seine Begeisterung für die Band und seine Solidarität mit den anderen Fans beweisen will, indem er in ihrer Anwesenheit ein gefährliches Manöver beginnt. Aber wie bei allem gibt es auch hier einen richtigen und einen falschen Weg. Dafür gibt es einige Regeln:

1. Wenn Sie auf der Bühne sind, passen Sie auf, dass Sie den Musikern nicht in die Quere kommen oder über Kabel stolpern. Es könnte passieren, dass Sie die Musik unterbrechen oder das Gleichgewicht verlieren und ins Schlagzeug fallen.
2. Halten Sie sich maximal zwanzig Sekunden auf der Bühne auf, um zu vermeiden, dass die Security Sie abtransportiert. Das heißt: keine Eskapaden auf der Bühne und kein exzessives Angeben vor dem Publikum.
3. Achten Sie darauf, dass Sie keine spitzen, gefährlichen Accessoires tragen; entfernen Sie Piercings oder Nieten, mit denen Sie andere Zuschauer verletzen könnten, wenn Sie in die Menge eintauchen.

RESPEKT GEGENÜBER DEM KÜNSTLER

Aus Respekt vor dem Künstler sollten Sie Zwischenrufe unterlassen, nicht mit Gegenständen werfen oder sonstwie die Musik übertönen. Dennoch wird unweigerlich jemand in Ihrer Nähe stehen, der einfach nicht an sich halten kann und laut mitsingt. Hätte er nicht einfach zu Hause bleiben, die CD einlegen und dazu singen können? Will er beweisen, dass er alle Texte auswendig kann? Um ihn davon abzubringen, sich zum Affen zu machen – und allen um sich herum auf die Nerven zu gehen –, gehen Sie folgendermaßen vor:

1. Drehen Sie sich zu der betreffenden Person um.
2. Bitten Sie sie darum, mit dem Singen aufzuhören, da Sie sonst den Sänger, für den Sie bezahlt haben, nicht hören können: »Entschuldigung, ich weiß, man bekommt Lust, bei jedem Lied mitzusingen. Ich liebe die Songs auch. Genau deswegen habe ich auch fünfzig Euro bezahlt, um heute Abend hier zu sein. Aber ich wäre Ihnen dankbar, wenn Sie aufhören würden, so laut mitzusingen, denn Sie übertönen den Sänger.«
3. Sollte Ihr Nachbar immer noch weitersingen, werfen Sie ihm einen langen bösen Blick zu - wie dem Zuschauer im Kino, der zu laut redet. Dieser Blick sollte ihm zu verstehen geben, dass Sie Ihre Erklärung in Schritt zwei ernst meinen.
4. Wenn er immer noch nicht aufhört, wenden Sie sich an die Verantwortlichen der Veranstaltung, um Ihr Missfallen auszudrücken.

Falls dieser Weg scheitert, gehen Sie zu Plan B über:

1. Übertönen Sie seinen Gesang. Sobald er ansetzt, setzen Sie ebenfalls an, nur viel lauter und schiefer.
2. Nehmen Sie Blickkontakt zu ihm auf und fangen Sie an, singend auf der Stelle zu tanzen.

3. Sie können sogar versuchen, zweistimmig zu singen – je schiefer Sie singen, desto besser. Ihr grässlicher Gesang wird die Stimme des anderen übertönen und ihm wird die Lust am Singen vergehen.

ESSEN GEHEN

Ob das Abendessen im Restaurant ein Genuss wird oder nicht, hängt von vielen Faktoren ab, einschließlich Ihrer Begleitung (die möglicherweise laut oder mit offenem Mund kaut), der Bedienungen (die möglicherweise unverschämt und langsam sind) und der anderen Gäste (die möglicherweise Ihre privaten Gespräche belauschen).

Um sicherzugehen, dass es ein gelungener Abend wird, bereiten Sie sich am besten darauf vor. Sammeln Sie alle Informationen, die Sie über das Restaurant, das Sie sich ausgesucht haben, finden können. Studieren Sie den Restaurantführer sowie die Kritiken in der Zeitung und achten Sie besonders darauf, wie der Service beschrieben wird: ob die Bedienungen beispielsweise unfreundlich oder langsam sind. Statten Sie dem Lokal vorher um dieselbe Zeit, zu der Sie sich verabreden wollen, einen Besuch ab. So können Sie herausfinden, wie eng die Tische zusammenstehen und wie die

Akustik ist. Und wenn es schließlich so weit ist, beachten Sie folgende Regeln für gute Tischmanieren:

1. Seien Sie fünf bis zehn Minuten vor der reservierten Zeit dort.
2. Halten Sie sich an den Dresscode des Restaurants.
3. Seien Sie auf den Moment, in dem die Rechnung kommt, vorbereitet – falls keine Kreditkarten oder Schecks akzeptiert werden, nehmen Sie genügend Bargeld mit.
4. Unternehmen Sie keine Versuche, sich vorzudrängeln, indem Sie die Empfangsdame bestechen oder sie dazu überreden, Ihnen zuerst einen Tisch zu geben.
5. Fügen Sie Ihrer Bestellung möglichst wenige Extrawünsche hinzu. Die Gerichte auf der Karte sind die Kreationen des Kochs und nicht zufällig so zusammengestellt. (Eine andere Sache ist es natürlich, wenn Sie gegen bestimmte Zutaten allergisch sind; in diesem Fall erklären Sie dem Kellner Ihr Anliegen.)

Nachdem Sie Platz genommen haben:

1. Legen Sie Ihre Serviette auf den Schoß.
2. Schalten Sie Ihr Handy aus.
3. Greifen Sie nicht über den Tisch, wenn Sie etwas brauchen. Bitten Sie stattdessen Ihren Begleiter, es Ihnen zu reichen.
4. Stützen Sie Ihre Ellbogen nicht auf dem Tisch auf.

5. Bedenken Sie die Grenzen Ihrer Sprachbegabung, wenn Sie in einem exotischen Restaurant Ihre Bestellung aufgeben.
6. Wenn Sie merken, dass Sie Essen zwischen den Zähnen haben, entschuldigen Sie sich und suchen Sie die Toilette auf. Stochern Sie nicht am Tisch zwischen Ihren Zähnen herum.
7. Falls etwas nicht stimmt, bitten Sie höflich darum, dass es in Ordnung gebracht wird. Wenn zum Beispiel Flecken auf Ihrem Glas sind oder es Ihnen zu lange dauert, bis Sie bedient werden, geben Sie dem Kellner ein Zeichen und erklären Sie ihm die Situation, ohne ihm einen Vorwurf zu machen.
8. Wenn Sie mit dem Essen fertig sind, legen Sie Messer und Gabel parallel auf den Teller, die Gabel mit den Zinken nach unten und das Messer mit der scharfen Seite nach innen.
9. Nachdem Sie die Rechnung bezahlt haben, bleiben Sie nicht ewig sitzen, wenn andere Gäste auf Ihren Tisch warten.

PERSÖNLICHER FREIRAUM BEIM ESSENGEHEN

Restaurants sind öffentliche Räume und die einzelnen Tische, Sitzecken oder Sitzbänke werden, sobald andere Gäste in der Nähe Platz nehmen, zu halb privaten Räumen, auch wenn Ihr Platz durch eine Topfpflanze oder Ähnliches abgetrennt ist. Dementsprechend müssen Gäste ein paar grundlegende

Verhaltensregeln beachten, wenn Sie sich in einem vollen Lokal an den Tisch setzen.

1. Reden Sie in leisem, unaufdringlichem Tonfall; andere Gäste müssen nichts von Ihrer neuesten politischen Schmährede mitbekommen.
2. Denken Sie an die uralte Regel, die besagt, dass beim Essen keine politischen Themen diskutiert werden. Auch wenn Sie, was Ihre Begleitung betrifft, keine Bedenken haben, dagegen zu verstoßen, teilen die anderen Gäste Ihre Ansichten möglicherweise nicht. Beschwören Sie keine Konfrontation herauf.
3. Achten Sie darauf, dass Sie beim Hinsetzen und Aufstehen nicht mit Ihrem Stuhl gegen den Stuhl oder die Bank hinter Ihnen stoßen.
4. Behalten Sie auch Ihre Arme und Beine bei sich. Strecken Sie Ihren Arm nicht über die Rückenlehne, sodass Ihre Hand bei den Nachbarn hängt, und werfen Sie Ihren Kopf nicht so weit zurück, dass er den einer anderen Person berührt.
5. Sehen Sie davon ab, quer durch den Raum mit Ihrer Bedienung zu kommunizieren.
6. Lauschen Sie nicht den Gesprächen anderer Gäste. Auch wenn Sie Ihrer Verabredung nichts zu sagen haben und Sie nicht umhin können, den anderen zuzuhören, konzentrieren Sie sich auf etwas anderes.

Was tun, wenn die Gäste am Nebentisch lauschen?

Zugegeben: Ihr Gesprächsstoff ist spannend, was dem Paar nebenan aber nicht die Erlaubnis gibt, so ungeniert zuzuhören. Nicht nur reden die beiden nicht miteinander und beugen sich schon fast zu Ihnen herüber, zu allem Überfluss reagieren sie auch noch manchmal auf Ihre Unterhaltung, indem sie nicken oder die Augenbrauen hochziehen.

Die Lösung? Führen Sie sie vor.

1. Setzen Sie Ihr Gespräch fort.
2. Wenn Sie eine Anekdote beenden oder es zu einer natürlichen Pause in Ihrem Gespräch kommt – beispielsweise wenn Sie eine Antwort von Ihrer Begleitung erwarten –, drehen Sie sich zu Ihren lauschenden Tischnachbarn um und fragen Sie: »Was meinen Sie dazu?«

Wenn diese fast subtile Taktik nicht aufgeht, amüsieren Sie sich ein wenig. Streuen Sie ein paar Kommentare bezüglich Ihrer neugierigen Nachbarn in Ihre Unterhaltung ein.

- Lassen Sie allgemeine Bemerkungen fallen über Leute, die andere belauschen: »Es ist schon ein bisschen erbärmlich, wenn Leute andere belauschen müssen, weil ihr eigenes Leben so langweilig ist, findest du nicht?«
- Fügen Sie Details über die beiden hinzu: »Schau dir mal die Krawatte von dem Typen an! Aber sieh

jetzt nicht hin, er sitzt an dem Tisch direkt hinter uns. Das Date scheint ein echter Flop zu sein!«

Die lauschenden Nachbarn werden nach dieser Enttarnung wahrscheinlich beschämt die Köpfe senken – oder aber sie sind so empört über Ihre Bemerkungen, dass Sie sich an einen anderen Tisch setzen.

KELLNER-ETIKETTE

Wenn Sie jemals als Bedienung in einem Restaurant gearbeitet haben, wissen Sie, wie undankbar der Job sein kann – geizige Gäste, mäkelige Esser und wunde Füße sind Programm. Und doch werden sie für ihren Job bezahlt und Bedienungen sollten wenigstens ein Minimum an gutem Service erfüllen – was Sie wiederum mit einem guten Trinkgeld wertschätzen sollten.

Wie gut die Beziehung zu Ihrem Kellner ist, liegt aber zum Teil in Ihrer Hand – sie beruht auf Gegenseitigkeit, auch wenn der Kontakt nur von kurzer Dauer ist. Dies sind einige Ihrer Pflichten:

1. Behandeln Sie Ihren Kellner wie einen Menschen: Halten Sie Blickkontakt; seien Sie höflich; denken Sie nicht darüber nach, wie Sie ihn nervös machen können.
2. Fragen Sie nach den Tagesgerichten, falls sie noch nicht angeboten wurden.

3. Machen Sie nicht den Boten verantwortlich. Sollte die Küche Ihre Lieblingsvorspeise nicht mehr haben, kann der Kellner nichts dafür.
4. Wenn Ihr Kellner nachlässig ist (wenn Sie lange warten müssen, um die Bestellung aufzugeben, beziehungsweise vor leeren Gläsern und Tellern sitzen), winken Sie ihn an Ihren Tisch heran und fragen Sie höflich nach, warum es so lange dauert. Reden Sie nicht mit dem Geschäftsführer, es sei denn, Ihr Kellner reagiert unverschämt auf Ihren Versuch, das Problem zu lösen.
5. Guter Service verdient ein gutes Trinkgeld: Geben Sie 15 Prozent, wenn die Bedienung Ihnen jeden Wunsch von den Augen abgelesen hat und 10 Prozent, wenn sie ihre Sache gut gemacht hat.

Wenn die Bedienung unfreundlich ist

Der Kellner wirft Ihnen die Speisekarten auf den Tisch, sieht Sie bei der Frage, ob Sie etwas trinken möchten, kaum an, seufzt und verdreht die Augen, als Sie um eine Scheibe Zitrone für Ihre Cola light bitten. Hat er nur einen schlechten Tag oder ist er immer so unfreundlich? Wer weiß, aber wenn Sie an diesem Tisch sitzen bleiben, wird das Essen nicht gerade angenehm verlaufen.

Ob es Ihnen passt oder nicht, Ihr Kellner ist nicht machtlos. Er befindet sich mit Ihrem Essen allein hinter verschlossenen Türen und kann damit machen, was er will. Ekelhafte Sachen. Daher ist es am besten, Sie behalten das im Hinterkopf und fordern ihn nicht heraus.

1. Seien Sie mitfühlend. Zeigen Sie Solidarität mit seinem Leid. Sprechen Sie ihn mit seinem Namen an, wenn er es anbietet. Fragen Sie ihn, wie sein Tag war. Nicken Sie und werfen Sie an den passenden Stellen ein »Mhm« ein, um zu zeigen, dass Sie genau wissen, wovon er redet.
2. Seien Sie nicht zu fordernd. Lassen Sie Ihr Essen nur zurückgehen, wenn das Fleisch noch roh oder wirklich ungenießbar ist. Wenn Sie es tatsächlich zurückgehen lassen, sagen Sie, dass es Ihnen leidtut.
3. Doch wenn nichts hilft und Ihre Bedienung Sie weiterhin vernachlässigt, wenden Sie sich an die Empfangsdame und bitten Sie um einen anderen Tisch, für den ein anderer Kellner zuständig ist. Sollte die Empfangsdame nach einer Erklärung fragen, antworten Sie, dass Sie mit dem Service unzufrieden waren. Im Interesse der anderen Gäste ist es sinnvoll, diese Information weiterzugeben.

Wenn Ihre Verabredung die Bedienung unverschämt behandelt

Alles läuft wie geschmiert. Ihr Partner kommt pünktlich, ist höflich, bringt Ihnen sogar frische Erdbeeren mit, was viel kreativer ist als Blumen – und besser:

Man kann sie essen und hat nicht das Problem, eine passende Vase finden zu müssen. Doch dann betreten Sie das Restaurant, und plötzlich ist es, als hätte Ihr Begleiter eine Verwandlung von Dr. Jekyll zu Mr. Hyde durchgemacht – er giftet den Fahrer vom Parkservice an und wirft den Schlüssel nach ihm. Nachdem Sie im Restaurant Platz genommen haben, kommt der Kellner und fragt nach den Getränkewünschen, woraufhin Ihre Verabredung »Pellegrino!« bellt – noch nicht einmal mit einem »Bitte« oder »Danke«. Wie gehen Sie mit seinem unverblümt respektlosen Verhalten um?

1. Sie können vorsichtig mit einer Beobachtung beginnen: »Sie wirken so freundlich, aber mit dem Kellner oder dem Parkservice sind Sie anscheinend nicht ganz so gnädig.« Wahrscheinlich wird er defensiv reagieren, vielleicht auch ein wenig beschämt.
2. Fügen Sie Ihrer Beobachtung eine Bitte hinzu: »Es wäre mir lieb, wenn Sie ein bisschen freundlicher zu unserem Kellner wären. Ich möchte nicht, dass er in unsere Suppe niest!« Durch den Witz entschärfen Sie die Rüge und deuten gleichzeitig an, was für Folgen das schlechte Benehmen haben könnte.
3. Für den Fall, dass Sie Ihren Begleiter ganz sicher nicht wiedersehen möchten, entschuldigen Sie sich direkt beim Kellner für seine Schroffheit. Schließlich wollen Sie vermeiden, dass der

Kellner in Ihr Essen niest. Mr. Hyde wird sehr wahrscheinlich nicht glücklich darüber sein, dass Sie seine »Autorität« untergraben haben (die er gern demonstriert, indem er laut und unmöglich ist), doch Sie haben ja bereits entschieden, ihn nie wiederzusehen. Behandeln Sie den Kellner weiterhin höflich und respektvoll.

Wie Sie mit dem Fremdsprachen-Verstümmler umgehen

Es kann extrem peinlich werden, wenn der Begleiter daraufbesteht, sein Schulfranzösisch auszupacken, um mit der Bedienung in einem französischen Restaurant zu sprechen (oder sein Italienisch im italienischen Restaurant etc.). Sie haben zwar nie Französisch gelernt, hören aber, dass sein Akzent katastrophal ist. »Ex-kuh-sä-mua«, sagt er, »nu voulong un pö dä Wass-ähr.« Und die Bedienung, eine Französin, versucht ihr Bestes, ihn zu verstehen. Sie lächelt matt und wirft Ihnen einen flehenden Blick zu.

1. Versuchen Sie zunächst herauszufinden, was er sagen will. Das ist leichter, wenn er eine Mischung aus Französisch und Deutsch (Frandeutschisch) spricht, wie in dem Beispiel oben. Der Ärmste versucht offensichtlich, Wasser zu bestellen.
2. Falls er keine deutschen Wörter in sein grässliches Französisch einstreut, fragen Sie geradeheraus, was er möchte.

3. Geben Sie Ihre Erkenntnisse an die Kellnerin weiter. Aber tun Sie es vorsichtig, ohne Ihren pseudo-bilingualen Begleiter vor den Kopf zu stoßen: »Ich glaube, er möchte gern Weißbrot und Wasser bestellen, bitte.«
4. Schlagen Sie Ihrem Begleiter vor, in einen dreitägigen Intensivkurs zu investieren, um sein Schulfranzösisch aufzupolieren.

ETIKETTE-TIPP: *Versuchen Sie, Ihrem sprachlich gehandicapten Begleiter sein lächerliches Verhalten bewusst zu machen, indem Sie ihm einen Spiegel vorhalten. Wenn er etwas in seinem französischen Kauderwelsch zum Besten gibt, nicken Sie und antworten Sie ihm. Dabei ist es egal, ob Sie tatsächlich Französisch beherrschen – Sie können auch einfach auf Deutsch, aber mit einem starken französischen Akzent à la Pepé, das Stinktier, antworten: »Oui, oui, ma cherie, das Wassähr iest soo gut.« Wenn er auf »Französisch« bestellt, tun Sie es ihm gleich: »Isch nehme das Ühnchen mit die Gemüsäh.« Hoffentlich wird er verstehen, worauf Sie hinauswollen, und merken, dass er sich zum Affen macht (und hoffentlich wird Ihnen Ihre Bedienung nicht dafür in die Suppe spucken, dass Sie ihre Muttersprache derart verunstalten).*

ETIKETTE BEIM ESSEN

Tischmanieren gehören zu den ältesten, etabliertesten Bereichen der Etikette – sie gründen auf den gesellschaftlichen Konventionen des 17. Jahrhunderts in Europa.

Heutzutage benutzen wir nicht mehr so viele Gabeln und sind nicht ganz so spießig; manche Speisen, wie Maiskolben oder Gemüse von der Rohkostplatte, kann man getrost mit den Fingern essen. Dennoch gibt es einige Grundregeln, die auch der moderne Mensch bei der Nahrungsaufnahme beachten muss.

1. Kauen Sie immer mit geschlossenem Mund.
2. Sprechen Sie nicht, während Sie kauen.
3. Machen Sie beim Essen keine schlürfenden oder schmatzenden Geräusche.
4. Wenn Sie Essen teilen, schneiden Sie am besten ein Stück vom anderen Ende ab, legen es auf einen sauberen Teller und reichen ihn Ihrem Begleiter (es sei denn, es handelt sich um ein romantisches Abendessen zu zweit, bei dem das Essen-Teilen das Vorspiel ist und Sie sich nicht darum kümmern, welche Bazillen Sie gerade austauschen).
5. Trinken Sie geräuschlos und stürzen Sie Ihr Getränk nicht hinunter.
6. Sehen Sie davon ab, am Tisch zu rülpsen oder Blähungen entweichen zu lassen.

Speisen, die Sie mit den Fingern essen können

- Pizza
- Hotdogs/Burger/Sandwiches
- Maiskolben
- Ungeschältes Obst
- Tacos/Burritos/Enchiladas
- Brot
- Chips mit Salsa
- Artischocken

Speisen, von denen fälschlicherweise angenommen wird, man könne sie mit den Fingern essen

- Hähnchenschenkel (Benutzen Sie Messer und Gabel.)
- Spareribs (dito.)
- Shrimpscocktail (Benutzen Sie die dafür vorgesehene Gabel.)
- Kuchen (Benutzen Sie eine Kuchengabel.)
- Hummer/Krebs (Holen Sie das Fleisch mit der Hummergabel heraus.)

Wie Sie mit Menschen mit schlechten Tischmanieren umgehen

Ob es sich um einen geliebten Verwandten handelt oder einen Kollegen, den Sie kaum kennen – selbst der Geduldigste und Verständnisvollste unter uns kann es nur schwer ertragen, wenn jemand laut und unmanierlich isst. Stellen Sie sich vor, Sie versuchen, sich mit Ihrer Freundin zu unterhalten, aber jedes Mal, wenn Sie sie anschauen, klebt ihr irgendwo Essen im Gesicht oder ihr läuft Tomatensoße das Kinn hinab. Möglicherweise schiebt sie sich das Essen in den Rachen, als hätte sie seit einer Woche nichts zu sich genommen, oder sie kaut mit offenem Mund. Dagegen können Sie etwas tun, jedoch sollten Sie diskret sein, um ihre Gefühle nicht zu verletzen.

1. Schieben Sie die Schuld zunächst auf andere. Tun Sie so, als hätte Ihre Freundin nie eine Serviette bekommen und winken Sie den Kellner zu sich: »Entschuldigen Sie, könnten wir bitte eine Serviette für meine Freundin haben?« Dadurch, dass Sie annehmen, sie hätte gar keine Serviette gehabt, kommt Ihre Begleitung vielleicht von selbst darauf, dass sie Essen im Gesicht oder auf ihrer Kleidung hat. Diese Selbsterkenntnis ist der erste Schritt zur Besserung.
2. Falls sie mit vollem Mund redet, geben Sie sich besorgt: »Jetzt lasse ich dich die ganze Zeit reden – du kommst ja gar nicht zum Essen!«
3. Sollte sie weiterhin mit vollem Mund sprechen, unterbrechen Sie sie und reißen Sie das Gespräch an sich, sodass sie nicht zu Wort kommt, solange sie noch kaut.

ETIKETTE-TIPP: *Eine andere Methode, ihre Begleitung auf subtile Art und Weise auf das Essen in ihrem Gesicht aufmerksam zu machen: Halten Sie einen Gegenstand mit reflektierender Oberfläche hoch, damit sie sich selbst sehen kann. Es könnte eine neue Puderdose sein, die Sie ihr unbedingt zeigen müssen. Oder Sie inspizieren Ihr Besteck, ob es Flecken hat, und ermutigen Ihr Gegenüber, das Gleiche zu tun.*

Wenn Ihre Begleitung von Ihrem Essen probiert, Sie aber nicht probieren lässt

Angenommen, Sie gehen mit einer Freundin essen und jeder bestellt etwas anderes. Aus Höflichkeit fragen Sie, ob sie mal probieren möchte, weil es so gut schmeckt und Sie dieses Erlebnis mit ihr teilen möchten. »Gern«, sagt sie und Sie geben ihr einen Bissen ab. Sie macht »Mmh« und sagt: »Das schmeckt gut.« Dann … nichts. Sie bietet Ihnen nichts von Ihrem Essen an. Aber da Sie gerade mit ihr geteilt haben, wäre es nur fair, dass Sie auch einen Bissen von ihrem probieren dürfen. Falls Sie Ihnen von sich aus nichts abgibt, fragen Sie nach: »Darf ich auch mal probieren?« Wenn sie auch nur ansatzweise weiß, was sich gehört, wird Sie verlegen sein, weil sie es Ihnen nicht von selbst angeboten hat.

Alternativ können Sie, falls Ihre Begleitung keine Anstalten macht, Sie ebenfalls probieren zu lassen, auch einfach zugreifen.

1. Langen Sie lächelnd, um einen harmlosen Eindruck zu erwecken, über den Tisch, spießen Sie mit Ihrer Gabel einen Bissen von ihrem Teller auf und sagen Sie dabei: »Darf ich?«
2. Befördern Sie den Bissen auf Ihren Teller, möglichst ohne ihn fallen zu lassen.
3. Kauen Sie langsam und genüsslich.

BEZAHLEN DER RECHNUNG

In manchen Fällen ist klar, wer das Abendessen bezahlt – wenn man beispielsweise zu zweit essen geht und der eine den anderen dazu eingeladen hat. Der Eingeladene sollte natürlich immer anbieten, sich zu beteiligen; doch sobald er nach seinem Portemonnaie greift, sollte der Einladende ihn höflich, aber bestimmt davon abbringen.

Es gibt allerdings auch Situationen, in denen es nicht so klar ist. Solange man noch bei den Häppchen und Vorspeisen sitzt, ist diese kleine Frage nebensächlich.

Doch nachdem das Geschirr abgeräumt wurde, beginnt sich jeder an seinem Tischende Gedanken zu machen: »Was wird wohl passieren, wenn die Rechnung kommt?« In dem Moment, in dem der Kellner das Lederetui auf den Tisch legt, geht der Tanz los: »Ich mache das.«

»Nein, nein, lass mich nur.«

»Nein, lass mich das machen.«

Welche Regeln gelten hier?

1. Etikette-Experten empfehlen, dass bei Geschäftsessen die Firma die Rechnung übernimmt, die von der Zusammenkunft am meisten profitiert, auch wenn die Einladung ursprünglich nicht von ihr ausging.
2. Wenn alle Beteiligten gleichermaßen profitieren, sollte der Einladende bezahlen.
3. Bei einem Geschäftsessen unter Kollegen sollte der dienstälteste Angestellte die Rechnung übernehmen.
4. Freunde, die sich ganz normal zum Essen verabreden, sollten sich die Rechnung teilen. Wenn einer gern bezahlen möchte, sollte der andere einwilligen, aber darauf bestehen, das nächste Mal zu zahlen.
5. Eine Ausnahme von dieser Regel ist, wenn einer der beiden in seiner Karriere viel niedriger steht als der andere. In dem Fall sollte der finanziell Bessergestellte für die Rechnung aufkommen.

ETIKETTE-TIPP: *Für den Fall, dass Sie mit einem Freund essen gehen, der bei jeder Verabredung geschickterweise sein Portemonnaie »vergisst«, weisen Sie ihn vorher vorsichtig darauf hin, dass Sie gedenken, die Rechnung zu teilen.*

Wie Sie von vornherein klare Verhältnisse schaffen

Wenn Sie entschlossen sind, die Rechnung zu zahlen, aber bereits ahnen, dass der andere dies nicht zulassen wird, gibt es einige erprobte Wege, einer unangenehmen Situation zu entgehen.

1. Erscheinen Sie vor der reservierten Zeit im Restaurant.
2. Sagen Sie der Bedienung, die Sie empfängt, dass die Rechnung nach dem Essen Ihnen überreicht werden soll. Sagen Sie zum Beispiel: »Bitte sorgen Sie dafür, dass ich die Rechnung bekomme.«
3. Alternativ können Sie, bevor Sie sich an den Tisch setzen, der Bedienung Ihre Kreditkarte geben und mit ihr vereinbaren, dass Sie den Beleg beim Hinausgehen unterschreiben. Wenn sich Ihr Essen dem Ende neigt, können Sie Ihrer Begleitung sagen, dass die Rechnung bereits bezahlt ist.

Wie Sie das Tauziehen gewinnen

Mit manchen Leuten ist der Moment, in dem der Kellner die Rechnung bringt, so wie die ersten Sekunden eines Basketballspiels, wenn der Schiedsrichter den Ball in die Luft wirft und die Center der gegnerischen Teams um den Ballbesitz kämpfen. Sie und Ihr Gast greifen gleichzeitig nach der Rechnung und jeder zieht an seinem Ende. Sie gucken sich kampflustig in die Augen, der Schweiß tritt Ihnen auf die Stirn. Wie erringen Sie den Sieg?

1. Falls Sie nicht schon mit allen Fingern an dem Lederetui festhalten, sondern beispielsweise nur mit Daumen und Zeigefinger, verstärken Sie den Druck, indem Sie alle Finger benutzen. Dadurch, dass Sie mit aller Kraft daran festhalten, ist es leichter für Sie, die Mappe zu drehen.
2. Drehen Sie das Etui mit einer plötzlichen Bewegung um 180 Grad nach links, sodass Ihr Daumen unten ist.
3. Das sollte genügen, um den Griff Ihres Begleiters zu lockern. Ziehen Sie noch einmal ruckartig an dem Etui, um das Manöver endgültig zu beenden.

ETIKETTE-TIPP: *Oft folgen Gäste im Restaurant einer »Dreimal-Regel«. Nachdem die Rechnung dreimal hin und her gewandert ist, darf derjenige sie behalten und bezahlen, der sie als Letzter in der Hand hält. Das Gleiche gilt, wenn einer von beiden dreimal betont hat, dass er zahlen möchte: Er bekommt die Rechnung und begleicht sie. In beiden Fällen ist es die Pflicht des anderen Gastes, ihm großzügig das Zahlen zu überlassen.*

IN DER BAR

Wenn Alkohol Gutes bewirkt, wird es ein sehr, sehr schöner Abend. Wenn er allerdings Übles auslöst, kann der Abend leicht übel ausgehen. Deshalb ist es wichtig, die Basics der Bar-Etikette zu beachten.

1. Bevor Sie sich auf einen leeren Barhocker setzen, vergewissern Sie sich, dass niemand anderes dort sitzt. Auch wenn es so aussieht, als sei er frei, sollten Sie bedenken, dass Leute in Bars öfter herumlaufen. Setzen Sie es also nicht voraus, fragen Sie lieber andere Gäste, ob der Platz frei ist.
2. Nur ein Barhocker pro Gast.
3. Es ist kein Problem, einen Gast darum zu bitten aufzurücken, wenn er zwischen zwei freien Hockern sitzt und Sie sich gern mit einem Freund hinsetzen möchten.
4. Wenn die Bar voll ist, machen Sie den Barkeeper auf sich aufmerksam, indem Sie sich zwischen zwei Hocker zwängen, ohne jemanden dabei anzurempeln. Halten Sie ein paar Scheine hoch, um ein Zeichen zu geben, dass Sie bestellen wollen. Falls Sie sehen, dass andere schon länger anstehen als Sie, lassen Sie ihnen den Vortritt.
5. Sollte Rauchen erlaubt sein, fragen Sie die Gäste, die in Ihrer Nähe sitzen, ob es sie stört, wenn Sie sich eine Zigarette, Zigarre etc. anzünden. Auch wenn sie kein Problem damit haben, versuchen

Sie dennoch, Nichtraucher nicht mit Ihrem Rauch zu belästigen.

6. Falls Sie aus Versehen das Getränk eines anderen umstoßen, bieten Sie ihm an, ihm ein neues zu holen und zu bezahlen.
7. Wenn es keine Tanzfläche gibt, gibt es keine. Richten Sie nicht eigenmächtig eine ein, nur weil Sie in der Stimmung sind, einen Boogie-Woogie hinzulegen.
8. Laden Sie niemals jemanden auf einen Drink ein, ohne vorher sicherzugehen, dass die Person auch nicht in Begleitung dort ist.
9. Geben Sie dem Barkeeper fünf bis zehn Prozent Trinkgeld, für einen teuren, gut gemischten Cocktail können Sie auch mehr geben.

ETIKETTE-TIPP: *Wenn Sie aufstehen, um sich einen neuen Drink zu holen, fragen Sie Ihre Freunde, ob Sie ihnen etwas mitbringen können; sie werden schon bald die weiteren Runden zahlen.*

BAGGERN UND ABBLITZEN

Es ist kein Geheimnis: Bars sind Orte, die gern von Singles auf der Suche nach ein bisschen Liebe aufgesucht werden. Das ist eine gute Voraussetzung für alle möglichen unglücklichen Situationen, wenn man bedenkt, dass a) in Bars Alkohol ausgeschenkt wird, wodurch hemmungsloses Verhalten gefördert wird – inklusive Versuche, andere Gäste abzuschleppen, und b) viele Menschen betrunkene Fremde nicht gerade attraktiv finden.

Wie gehen Sie mit jemandem um, der ganz entschieden nicht Ihr Typ ist, aber hartnäckig versucht, Sie abzuschleppen?

1. Gehen Sie einer Konfrontation aus dem Weg. Sobald Sie seine Blicke bemerken, drehen Sie sich weg, um ihnen zu entgehen.
2. Auch wenn Sie das Bedürfnis haben, sich nach ihm umzudrehen, um zu sehen, ob er noch guckt – tun Sie es nicht.
3. Machen Sie schon gar nicht Ihre Freunde darauf aufmerksam, dass Sie glauben, Sie werden angeschaut, sonst werden sie sich nach ihm umdrehen, was er wiederum falsch verstehen könnte.
4. Signalisieren Sie, dass Sie nicht ansprechbar sind, indem Sie ein intensives Gespräch mit einem Ihrer Freunde beginnen.
5. Nehmen Sie Drinks, die er Ihnen zukommen lässt, nicht an. Wenn Sie auch nur einen Schluck davon nehmen, wird er es als Einladung verstehen, noch penetranter an Ihrer Seite zu kleben.
6. Der Satz, mit dem Sie im Falle einer Begegnung Ihren Rückzug antreten, sollte ganz einfach lauten: »Nein danke, ich habe kein Interesse.«
7. Falls das nicht funktioniert, reagieren Sie bestimmt und kühl: »Entschuldigung, aber mein Freund und ich versuchen uns gerade zu unterhalten.«

8. Sollte er schon zu betrunken sein, um diese nicht gerade subtilen Andeutungen zu verstehen, werden Sie ganz direkt: »Hören Sie, es ist wirklich schmeichelhaft, aber ich bin nicht interessiert, weder jetzt noch jemals in der Zukunft. Also gehen Sie bitte.«

ENTSCHÄRFUNG EINER POTENZIELLEN SCHLÄGEREI IN DER BAR

Die Menge an Alkohol, die in einer Bar fließt, hat direkte Auswirkungen darauf, wie lange es dauert, bis ein bedeutungsloser Streit in eine handfeste Schlägerei ausartet: Je mehr Alkohol, desto schneller fliegen die Fäuste. Sie sind dafür verantwortlich, die Lage zu beruhigen, bevor sie eskalieren kann.

1. Achten Sie bei der Kommunikation mit einem aufgebrachten Gast darauf, langsam zu sprechen und Blickkontakt mit ihm zu halten.
2. Sprechen Sie das Problem direkt an: »Ja, ich gebe es zu. Ich bin aus Versehen gegen Ihren Stuhl gestoßen. Es war aber absolut keine Absicht, dass Ihrer Freundin dabei das Bier über die Bluse gekippt wurde.«
3. Antworten Sie auf jegliche Schimpfwörter, die er Ihnen an den Kopf wirft – »Muttersöhnchen«, »Knalltüte«, »Tollpatsch« – , mit milden Worten.
4. Kämpfen Sie gegen das Bedürfnis an, ihn ebenfalls zu beschimpfen.

Je mehr Alkohol, desto schneller fliegen die Fäuste. Sie sind dafür verantwortlich, die Lage zu beruhigen, bevor sie eskalieren kann.

5. Schlagen Sie eine Lösung für das Problem vor: »Ich würde Ihnen und Ihrer Freundin als Entschädigung für meine Ungeschicklichkeit gern eine Runde ausgeben.«
6. Indem Sie Verantwortung für die Situation übernehmen, können Sie seine Wut zerstreuen und – idealerweise – die Sympathie seiner Freundin gewinnen.
7. Versuchen Sie, ihren Freund gemeinsam mit ihrer Hilfe zu beruhigen.

Doch wenn er jenseits von Gut und Böse ist und Sie ein wahnsinniges Funkeln in seinem Blick bemerken, ergreifen Sie am besten die Flucht.

1. Falls der Besitzer in der Nähe ist, verständigen Sie ihn sofort.
2. Wenn nicht, sehen Sie sich nach einem Fluchtweg um – dem schnellsten Weg zum Ausgang. Vergewissern Sie sich, dass die Tür, die Sie ins Auge gefasst haben, nicht zur Küche oder zu den Toiletten führt, denn dort würden Sie nur in der Falle sitzen.
3. Sobald Sie sich für einen Fluchtweg entschieden haben, machen Sie sich schleunigst aus dem Staub. Gehen Sie zunächst ein paar Schritte rückwärts, um Ihr Gegenüber weiterhin im Auge zu behalten.
4. Bevor er darauf kommen kann, was Sie vorhaben, drehen Sie sich um und rennen Sie, so schnell Sie können, aus der Bar.

7. KAPITEL

IM CYBERSPACE

Können Sie sich noch an die Zeit erinnern, als E-Mail ein mysteriöses Kommunikationsmedium war, das nur Technik-Freaks benutzten? Und plötzlich hatte es jeder. Danach kamen SMS, gefolgt von den großen Social-Media-Anbietern Facebook und Twitter, deren Erfolg bewirkte, dass jede zweite Webseite Elemente davon übernahm.

Was bedeutet das für unser Benehmen? Jedes neue Kommunikationsmittel bietet dem Menschen wieder neue Möglichkeiten für Unverschämtheiten und rücksichtsloses Verhalten. Im Internet kann man sich außerdem hinter der Maske der Anonymität verstecken. Das Cyberspace ist der neue Wilde Westen – eine virtuelle Anarchie.

E-MAIL UND SMS

Die Kommunikation von Bildschirm zu Bildschirm ist von Natur aus unpersönlich, was die chronische Neigung zur Dreistigkeit noch verstärkt. Wenn jemand eine unverschämte Nachricht oder auch nur ein paar beleidigende Satzfetzen mit Drei-Pünktchen-Auslassungen eintippt, bekommt er die unmittelbaren Konsequenzen seines Handelns nicht mit. Die Worte werden den Empfänger vielleicht treffen, der Absender wird den entscheidenden Moment jedoch sehr wahrscheinlich nicht miterleben und auch nicht erfahren, wie sich sein Handeln auswirkt. Die Technologie bewirkt, dass wir uns von der Außenwelt abwenden und die Wirkung, die wir auf andere haben, aus den Augen verlieren – das bedeutet Kommunikation im 21. Jahrhundert. Doch glücklicherweise gibt es Richtlinien, mit deren Hilfe – ob Sie es glauben oder nicht – zivilisiertes Benehmen im Cyberspace bewahrt werden kann.

FÖRMLICH VS. UNFÖRMLICH

E-Mails und SMS werden getippt und nicht mit der Hand geschrieben. Sie werden auf dem Bildschirm empfangen und gelesen, nicht auf cremefarbenem, schwerem Briefpapier. Doch das ist längst keine Entschuldigung dafür, auch die geläufigsten Förmlichkeiten und Höflichkeitsfloskeln zu missachten, die sich über die vielen Jahrhunderte der Korrespondenz entwickelt haben. Und ebenso wie der Grad an Förmlichkeit in handgeschriebenen Briefen variiert, je nachdem, wer kommuniziert, sollte dies auch in E-Mails und SMS der Fall sein. Hier sind einige grundlegende Regeln:

- Der Erstkontakt sollte immer eine Anrede (»Liebe Jenny« oder »Hallo Ben« etc.) und eine angemessene Verabschiedung (»Beste Grüße«, »Liebe Grüße« beinhalten). Hinweis: »Liebe(r)« ist immer angemessen und immer korrekt. »Hey« ist niemals korrekt und in den seltensten Fällen angemessen.

- Am besten ist es, sich an der Grenze zur Förmlichkeit zu bewegen. Wenn Sie mit dem Empfänger zum ersten Mal kommunizieren und er oder sie älter ist als Sie oder eine höhere Position innehat etc., beginnen Sie stets mit »Sehr geehrte Frau …« beziehungsweise »Sehr geehrter Herr …«. Folgen Sie seiner Vorgabe. Falls der andere lediglich mit »Johannes« unterzeichnet, können Sie ihn auch getrost so anreden.
- Auch wenn Emoticons und Akronyme (LOL, OMG etc.) hilfreich sein können, um den Ton zu vermitteln – zumal Nachrichten per E-Mail und SMS leicht zu Missverständnissen führen –, verwenden die meisten Menschen sie auf allzu plumpe Art und Weise. Setzen Sie Emoticons und Akronyme auf keinen Fall in der geschäftlichen Korrespondenz und auch jenseits davon nur spärlich ein.
- Unterzeichnen Sie nie-, niemals mit »Gruß und Kuss«, es sei denn, Sie schreiben jemandem aus der Familie oder Ihrem beziehungsweise Ihrer Liebsten.

Wie Sie mit unangemessenen E-Mails umgehen

Was, wenn Sie es mit jemandem zu tun bekommen, der entweder nicht mit den Regeln vertraut ist oder sie einfach nicht akzeptiert. Dann liegt es an Ihnen, mit gutem Beispiel voranzugehen. Hat Ihr Kommunikationspartner auch nur die leiseste Ahnung von gesellschaftlichen Umgangsformen, wird er oder sie die Andeutung verstehen. Sagen wir zum Beispiel, Sie arbeiten ehrenamtlich für eine Organisation und haben die Aufgabe, neue Mitglieder willkommen zu heißen. Sie schreiben einen Neuzugang per E-Mail an – mit »Lieber« und »Beste Grüße«, in ganzen Sätzen, mit Absätzen und Zeilenumbrüchen sowie gebräuchlicher und korrekter Zeichensetzung. So sieht die Antwort aus:

Hey M! Danke!!! Voll begeistert, dabei zu sein. LG

Am Ende der Mail steht als Spruch ein Zitat von Lady Gaga. Darauf reagieren Sie am besten so:

1. Gehen Sie nicht auf die grammatikalischen Fehler ein. Ihre Aufgabe ist es, seinen unförmlichen Ton zu korrigieren. Tun Sie dies, indem Sie in Ihrer Antwort ein Beispiel geben. Schreiben Sie eine Anrede sowie eine Verabschiedung und lassen Sie im Unterton peinliche Andeutungen mitschwingen, die den anderen dazu bewegen, die eigene Nachricht noch einmal beschämt durchzulesen:
Liebe Hanni, vielen Dank für Ihre rasche und überschwängliche Antwort. Es freut mich, dass Sie »voll begeistert« sind. Natürlich liegt die Ursache für all diese Begeisterung in der harten Arbeit, durch die wir solch bemerkenswerte Ergebnisse haben erzielen können. Ich freue mich darauf, mich gemeinsam mit Ihnen an die Arbeit zu machen. Beste Grüße, Marcel.
2. Falls die Empfängerin in ihrer Antwort noch immer so mit Ihnen kommuniziert, bitten Sie sie darum, Ihren Namen auszuschreiben. Schreiben

Sie beispielsweise: »Nur meine Mutter und mein Lieblingsonkel dürfen mir Spitznamen geben.« Um den Ton ein wenig zu entschärfen, können Sie ein Emoticon anfügen, wenn Sie möchten.

3. Sollte sich auch weiterhin nichts an der Form ihrer Mails ändern, sollten Sie die fragliche Person unter vier Augen sprechen, um ihr zu erklären, dass sie sich mit ihrem Kommunikationsstil keine Freunde macht. Mit lässigen, fast flapsigen E-Mails vermittelt sie dem anderen nicht gerade das Gefühl, respektiert zu werden, damit wird sie ganz sicher keinen Erfolg haben.

ETIKETTE-TIPP: *Richten Sie sich in der E-Mail-Korrespondenz stets nach dem Ton, den der dienstältere beziehungsweise höher positionierte Kollege vorgibt. Das betrifft Spitznamen, Respekt und Grußformeln – kurz gesagt: Darin liegt der Unterschied zwischen professionellen, wohlüberlegten geschäftlichen Nachrichten und Kurznachrichten, die Teenies untereinander austauschen.*

WEITERE E-MAIL- UND SMS-AUSRUTSCHER

Die Möglichkeiten, eine Korrespondenz zu vermasseln, sind unerschöpflich. Im Folgenden nur einige Punkte, die Sie beachten sollten, wenn Sie eine Nachricht verfassen und damit den Ton für die gesamte virtuelle Korrespondenz bestimmen:

Fauxpas: Sie schicken eine lange, wohlüberlegte E-Mail ab und erhalten einen Satzfetzen als Antwort.
Lösung: Setzen Sie Ihre Erwartungen möglichst weit unten an. Die meisten verschicken E-Mails von ihrem Smartphone, während sie shoppen, sich unterhalten, die Zeitung lesen oder noch ganz andere Dinge tun. Sie sollten Ihre Zeit nur im Ausnahmefall auf lange, sorgfältige E-Mails verwenden.

Fauxpas: Sie klicken aus Versehen auf »allen antworten« und senden eine abfällige Bemerkung an die Person, von der die Rede ist.
Lösung: Schicken Sie sofort eine Nachricht hinterher, in der Sie sich für Ihren Ausrutscher entschuldigen. Begründen Sie Ihre fiese Bemerkung damit, dass Sie einen schlechten Tag haben.

Fauxpas: Sie erhalten die ganze Zeit E-Mails voller Tippfehler und Grammatikfehler.
Lösung: Das Einzige, was Sie tun können, ist, mit gutem Beispiel voranzugehen. Versuchen Sie, dieselben Wörter zu benutzen, aber schreiben Sie sie richtig und verwenden Sie sie im korrekten Zusammenhang. Vielleicht wird der andere den Wink mit dem Zaunpfahl verstehen.

Fauxpas: Die Autokorrektur hat aus einer harmlosen Aussage eine pornografische gemacht und die Mail ist schon unterwegs an Ihren Chef, Ihren religiösen Anführer oder Ihre Schwiegermutter.

Lösung: Sie schicken sofort eine E-Mail hinterher, in der Sie die automatisch korrigierte Version zurückkorrigieren, und fügen eine Bemerkung an, wie lustig das war. Denken Sie für die Zukunft darüber nach, ob Sie die Autokorrektur nicht vielleicht abstellen sollten.

Die Möglichkeiten, eine Korrespondenz zu vermasseln, sind unerschöpflich.

Fauxpas: Eine Person, mit der Sie beruflich zu tun haben, schreibt Ihnen eine SMS mit Terminen und anderen Angelegenheiten bezüglich der Arbeit. Ihrer Ansicht nach sind SMS für Freunde und Familie. Für die Arbeit gibt es E-Mail.
Lösung: Antworten Sie nicht auf die SMS. Erklären Sie stattdessen, dass Sie das Handy nie benutzen und am besten per E-Mail unter Ihrer Dienstadresse erreichbar sind.

BLOGS UND ONLINE-FOREN

Es gab eine Zeit, da war Bloggen etwas Besonderes, heutzutage scheint jeder (inklusive Haustiere) alles Mögliche in seinem Blog zu verarbeiten – was er an dem Tag gegessen hat oder wie oft die Katze den Nachbarn angemaunzt hat. Natürlich können Details aus dem Alltag mancher Menschen interessant und sehr unterhaltsam sein, vor allem, wenn ihre Art zu schreiben und das Webdesign stimmen. Doch abgesehen von der Qualität ist das Problem mit Enthüllungsblogs generell, dass die Menschen, über die geschrieben wird, nicht um Erlaubnis gefragt werden. Hinzu kommen die fiesen Kommentare.

Diskussionsforen im Internet sind so etwas wie der schwierige Cousin des Blogs. Sie geben vor, virtuelle Gemeinschaften und Hilfsvereine zu sein, werden jedoch allzu oft zu Schlachtfeldern für Flaming-Kriege. Wie finden Sie sich in diesen trüben Gewässern zurecht? Hier sind einige Szenarien, von denen Sie sich inspirieren lassen können.

BLOG-ETIKETTE

Die Blogosphäre ist eine eigene Minikultur, die sich parallel zu unserem wirklichen Leben abspielt. Sie hat ihre besonderen Regeln, die sich für Neuzugänge oft nicht so leicht erschließen. Hier sind einige Regeln, die Sie befolgen sollten, wenn Sie als Blogger respektiert werden und Ansehen genießen wollen:

- Kommentieren Sie die Blogs anderer nur, wenn Sie sich wirklich dafür interessieren. Tun Sie es nicht, um lediglich den Link zu Ihrer eigenen Seite auf einer fremden zu hinterlassen, das ist eine Form von »Spammen«.
- Sollten Sie einen Kommentar schreiben, tun Sie es nie anonym, vor allem, wenn es etwas Gemeines ist, das ist nicht nur unverschämt, sondern auch feige. Als grundsätzliche Regel gilt: Schreiben Sie nichts in einem Kommentar, was Sie einer anderen Person nicht auch ins Gesicht sagen würden.
- Kopieren Sie keine Texte aus anderen Blogs und geben sie als Ihre eigenen aus. Bitten Sie zuerst um Erlaubnis und zollen Sie dem Original-Blogger wenigstens auf Ihrer Seite Anerkennung.
- Stellen Sie klar, was für ein Verhältnis Sie zu den Produkten, Veranstaltungen etc. haben, die Sie

bewerben. Mit offenen Karten zu spielen ist die einzig richtige Herangehensweise.

AKTE EX

Als Sie Ihren Ex-Freund googeln, entdecken Sie, dass er detaillierte Enthüllungsgeschichten über seine Ex postet, eine Bibliothekarin in der örtlichen Jura-Bibliothek namens »Wrana Jakob«. (Zufälligerweise sind Sie Bibliothekarin in der örtlichen Jura-Bibliothek und heißen Jana Jakob.) In seinem Blog gibt er nicht nur Gespräche und Streitereien wieder – natürlich falsch, sodass er wie der Vernünftige erscheint –, sondern beschreibt auch noch explizite Szenen, die aus einem erotischen Roman stammen könnten. Sie erkennen sie nicht wieder, obwohl Sie, beziehungsweise »Wrana«, darin offenbar der Star sind. Wie gehen Sie vor?

1. Rufen Sie Ihren schwierigen Ex-Freund an – schreiben Sie keine E-Mail. (Er könnte Stellen aus der Mail kopieren und sie in seinen Blog einfügen. Wenn jemand einmal angefangen hat, alles zu enthüllen, und damit Aufmerksamkeit erregt, gibt es keinen Weg zurück.)
2. Sagen Sie ihm, dass Sie seinen Blog gut finden, allerdings festgestellt haben, dass einiges daraus Szenarien ähnelt, in die Sie beide verwickelt waren. Geben Sie ihm die Chance, darauf zu antworten.

3. Erklären Sie ihm, dass jeder weiß, dass es um Sie geht, und bitten Sie ihn darum, die Passagen, in denen Sie negativ dargestellt werden, zu löschen.
4. Geben Sie ihm einen Anreiz, indem Sie sagen: »Wie würde es dir gefallen, wenn ich einen Blog voller intimer Informationen über dich schreiben würde und alle ihn lesen würden?« Lassen Sie nicht locker, bis er die Frage beantwortet.
5. Wenn er seinen Fauxpas noch immer nicht einsieht oder sich weigert, die entsprechenden Stellen zu streichen, lassen Sie ihn wissen, dass Sie Ihren eigenen Blog anfangen, um Klarheit zu schaffen. Sagen Sie ihm auch, dass Sie noch ein paar Wochen damit warten, falls er es sich doch anders überlegt und zur Vernunft kommt.

SOZIALES (UND ASOZIALES) NETWORKING

Es mag zwar »soziales« Networking heißen, aber häufig kommt einem das Netzwerk eher vor wie der Spielplatz, auf dem man sich als Kind durchkämpfen musste. Was diejenigen betrifft, die noch keinem sozialen Netzwerk beigetreten sind – vielleicht sind sie die Klügeren. Denn wie sich schnell herausstellt, lauert dort gleich nach der Anmeldung ein potenzielles Fettnäpfchen nach dem anderen. Hier sind einige Tipps, wie Sie heikle Situationen in Sachen

Freundschaftsanfragen, Freunde markieren, Freunde löschen und Privatsphäre-Einstellungen bewältigen.

FREUNDE ADDEN, FREUNDE LÖSCHEN UND AUF TWITTER FOLGEN

Diese Aktivitäten werden – ganz umsonst – voller Spannung verfolgt. Im Allgemeinen geht das Adden und Löschen von Freunden unbemerkt vor sich. Die Leute haben zu viel zu tun, als dass sie regelmäßig die Liste der Freunde oder Follower überprüfen würden. Einige Regeln:

1. Wenn Sie eine ungewollte Freundschaftsanfrage erhalten, ist es in Ordnung, sie zu ignorieren. Viel schlimmer wäre es zu erklären, weshalb Sie sie nicht annehmen. Auf eine unerwiderte Anfrage angesprochen, antworten Sie ganz unbeschwert: »Ach, ich schaue nie auf meine Facebook-Seite.«
2. Wenn Sie einen Freund löschen, müssen Sie weder ihn noch irgendjemand anderen davon in Kenntnis setzen. Tun Sie es einfach heimlich, still und leise, wahrscheinlich wird er es niemals bemerken.
3. Nehmen Sie sich ein paar Minuten Zeit, um Ihre Privatsphäre-Einstellungen anzupassen. Um auf Nummer sicher zu gehen, können Sie einstellen, dass Ihr Profil für andere unsichtbar ist. Oder falls Sie sich nuancierter verstecken wollen, wählen Sie Ihre Einstellungen so, dass bestimmte Freunde oder Gruppen Ihre Updates nicht sehen können.

4. Senden Sie anderen nur Freundschaftsanfragen, wenn Sie sie wirklich kennen. Wenn Sie einen Freund von einem Freund adden wollen, hängen Sie eine persönliche Mitteilung an, in der Sie erklären, woher Sie ihn kennen.

Natürlich gibt es auch eine Menge brenzliger Situationen, die nichts mit dem Adden oder Löschen von Freunden zu tun haben. Hier sind einige, die häufiger vorkommen, zusammen mit Tipps, wie man sie elegant lösen kann.
Fauxpas: Ein verheirateter Freund ändert seinen Beziehungsstatus zu »single« oder »geschieden«. Die Posts, was denn passiert sei, oder schlimmer noch, ob das ernst gemeint sei, häufen sich.
Lösung: Wenn Sie wirklich mit ihm befreundet sind, rufen Sie ihn an oder schicken Sie ihm wenigstens eine persönliche E-Mail. Schreiben Sie nicht auch noch neugierige Fragen an seine Pinnwand wie seine anderen »Freunde«. (Und denken Sie daran, Ihren Beziehungsstatus nicht anzugeben, damit Sie so ein Outing nicht auch erleben müssen.)

Fauxpas: Ihre Mutter ist bei Facebook! Und sie kommentiert jedes Update, jede Mitteilung, jedes Foto, das Sie posten, oder setzt ein »Gefällt mir« darunter. Und ihre Kommentare sind ganz schön peinlich.
Lösung: Ihre Mutter ist zu Ihrer Facebook-Stalkerin geworden. Sie müssen mit ihr reden – und zwar schnell. Bringen Sie ihr die »Regel für Facebooken«

bei, dass man nur eines von zehn Updates ein und derselben Person mit einem Kommentar oder einem »Gefällt mir« versieht.

Fauxpas: Das eigentlich private Profil einer Freundin wird in erster Linie dazu benutzt, um für ihr Unternehmen Werbung zu machen. Außerdem hat sie alle ihre Accounts verlinkt – Facebook, Twitter, LinkedIn –, sodass jedes Update von jedem Account (oder ihrem Blog!) auf allen drei Profilen erscheint. Das heißt, Sie lesen ständig Sachen über ihr Unternehmen, obwohl Sie eigentlich nur an den Updates zu ihren Kindern und ihrer *American Idol*-Obsession interessiert sind.
Lösung: Löschen Sie sie von der Freundesliste und folgen Sie ihr nicht mehr auf Twitter. Sollte sie es herausfinden und nach dem Grund fragen, ist es Zeit für klare Worte. Sagen Sie ihr, dass die ständigen Updates zu ihrem Unternehmen auf allen drei Profilen Ihren Posteingang überflutet haben und Sie einfach etwas dagegen tun mussten.

ETIKETTE-TIPP: *Verwenden Sie soziale Netzwerke nicht einzig und allein als Plattform für Eigenwerbung. Auch wenn die Seite explizit für Ihr Unternehmen erstellt wurde, sollte das Verhältnis zwischen Community-Pflege und Eigenwerbung etwa achtzig zu zwanzig betragen.*

WAS MAN POSTEN SOLLTE UND WAS NICHT

Wenn man einmal darüber nachdenkt, findet man viel mehr Dinge, die nicht auf Facebook (oder in anderen Online-Foren) gepostet werden sollten, als anders herum. Was unter »nicht posten« fällt, reicht von Aussagen, die alle anderen im Universum Ihres sozialen Netzwerks peinlich berührt, bis hin zu solchen, für die Sie ins Gefängnis kommen können.

In Ordung:

- Scharfsinnige, witzige Alltagsbeobachtungen
- Links zu Artikeln oder Videos, die das Leben Ihrer Freunde bereichern oder sie amüsieren werden
- Urlaubsfotos
- Neuigkeiten, ob kleinere (Sie haben einen Laden entdeckt, der Ihre Lieblingsschokolade verkauft) oder größere (Sie haben sich gerade verlobt)

Tabu:

- Detaillierte Infos über Ihr Sexleben oder Ihren Stuhlgang
- Fiese passiv-aggressive Kommentare über Ihren Ehe- oder Lebenspartner
- Jemanden auf einem Foto markieren, das ihn in peinlichen Situationen zeigt
- Ohne Erlaubnis Fotos von Kindern posten, die nicht Ihre eigenen sind
- Persönliche Informationen über andere
- Fotos aus dem Kreißsaal

- Aussagen darüber, wie sehr Sie Ihren Chef oder Kollegen hassen

ETIKETTE-TIPP: *Das Schöne an sozialen Netzwerken ist, dass man sich unglaublich leicht von jemandem trennen kann, der einen beleidigt. Sie können seine Updates verbergen oder ihn einfach von der Freundesliste löschen. Es ist keine Konfrontation nötig und es werden keine Gefühle verletzt.*

Es gibt viel mehr Dinge, die nicht auf Facebook gepostet werden sollten, als anders herum.

DIE AUTORIN

Die Journalistin Caroline Tiger lebt in Philadelphia und hat eine wöchentliche Kolumne im »Philadelphia Inquirer«. Sie veröffentlicht außerdem im »New York Style Times Magazine« und in vielen anderen amerikanischen Medien.

IMPRESSUM

Caroline Tiger
BENIMM DICH!
Ein moderner Ratgeber für angesagte Manieren
Mit Illustrationen von Jana Moskito

ISBN 978-3-86265-205-1
Genehmigte Lizenzausgabe. Übersetzung: © Schwarzkopf & Schwarzkopf Verlag GmbH, Berlin 2013 | Übersetzung aus dem Englischen: Marion Oechsler | Autorenfoto: © Zoey Sless-Kitain | Titelillustration: © file404 / shutterstock.com | Lektorat: Sabine Tuch

KATALOG

Wir senden Ihnen gern kostenlos unseren Katalog.
Schwarzkopf & Schwarzkopf Verlag GmbH
Kastanienallee 32, 10435 Berlin
Telefon: 030 – 44 33 63 00
Fax: 030 – 44 33 63 044

INTERNET | E-MAIL

www.schwarzkopf-schwarzkopf.de
info@schwarzkopf-schwarzkopf.de